普通高等教育经管类专业"十三五"规划教材

ERP人力资源管理实务

（用友U8 V10.1版）

高毅蓉 高建丽 主编
王乐杰 李东升 王新玲 副主编

清华大学出版社
北京

内 容 简 介

本书以真实的机械制造行业企业原型为平台，重点介绍了信息系统环境下人力资源管理中的员工管理、绩效管理和薪酬管理等职能工作的方法和流程。全书以用友 ERP 人力资源管理系统的 12 个实验模块为基础，详细介绍了各模块的基本功能、理论基础和操作实务，并提供了实务操作的结果账套，每个实务操作模块紧紧围绕企业人力资源管理职能设计，以期达到提高学生人力资源管理实际业务能力的目的。各实验可以连续操作，也可以根据实际情况有选择性地学习，适应了不同层次的教学与自学的需要。

本书既可以作为普通高等院校本、专科人力资源管理及经济管理等相关专业的教学实验用书，也可以作为企业信息化管理人员及相关业务人员的培训教材。

本书封面贴有清华大学出版社防伪标签，无标签者不得销售。
版权所有，侵权必究。举报: 010-62782989, beiqinquan@tup.tsinghua.edu.cn。

图书在版编目(CIP)数据

ERP 人力资源管理实务: 用友 U8 V10.1 版 / 高毅蓉，高建丽 主编. —北京: 清华大学出版社，2020.8（2024.8重印）
普通高等教育经管类专业"十三五"规划教材
ISBN 978-7-302-55981-8

Ⅰ. ①E… Ⅱ. ①高… ②高… Ⅲ. ①企业管理－人力资源管理－计算机管理系统－高等学校－教材 Ⅳ. ①F272.92-39

中国版本图书馆 CIP 数据核字(2020)第 121794 号

责任编辑: 刘金喜
封面设计: 何凤霞
版式设计: 思创景点
责任校对: 马遥遥
责任印制: 宋 林

出版发行: 清华大学出版社
网　　址: https://www.tup.com.cn, https://www.wqxuetang.com
地　　址: 北京清华大学学研大厦 A 座　　　　邮　编: 100084
社 总 机: 010-83470000　　　　　　　　　　邮　购: 010-62786544
投稿与读者服务: 010-62776969, c-service@tup.tsinghua.edu.cn
质 量 反 馈: 010-62772015, zhiliang@tup.tsinghua.edu.cn

印 装 者: 三河市少明印务有限公司
经　　销: 全国新华书店
开　　本: 185mm×260mm　　　印　张: 12.5　　　字　数: 252 千字
版　　次: 2020 年 8 月第 1 版　　印　次: 2024 年 8 月第 5 次印刷
定　　价: 48.00 元

产品编号: 078304-01

前　　言

20世纪90年代以来，ERP(enterprise resource planning，企业资源计划)在企业界得到了越来越广泛的应用，它在信息技术基础上，以系统化的管理思想，为企业决策层及员工提供决策运行手段的管理平台。ERP系统集信息技术与先进管理思想于一身，对于改善企业业务流程、提高企业核心竞争力具有显著作用。在我国的ERP系统实践中，一般是以生产制造及销售过程(供给链)为中心，因此把和制造资源有关的资源作为企业的核心资源来进行管理。但近年来，企业内部的人力资源越来越受到企业的关注，如何吸引优秀人才、合理安排人力资源、降低人员成本成为企业提高竞争力的重要决策。在用友ERP系统中，人力资源管理作为一个独立的模块，被加入了ERP的系统中，和ERP中的财务、生产系统组成了一个高效的、具有高度集成性的企业资源系统，人力资源管理系统在企业管理中的重要作用得到了充分体现。

基于上述背景，本书详细介绍了ERP软件各子系统功能及操作流程，使学习者对企业人力资源管理活动及过程有一个较为清晰的认识。本书主要讲解用友ERP-U8 V10.1版本人力资源管理系统中的人事管理、薪资管理、保险福利管理、考勤管理、人事合同管理、招聘管理、培训管理、绩效管理、宿舍管理等模块，一方面让学习者熟练掌握人力资源管理业务循环的具体操作步骤，另一方面也可以从ERP系统中获取管理企业所需的人力资源管理信息。本书采用先进的人力资源管理理念，将人力资源的人事、培训、考核和薪酬等数据资源规范为统一的综合数据库，充分利用各种统计、查询等方法和工具，全方位、多层次地进行人力资源管理，并通过分级、分块管理和维护，实现整个企业的信息互通共享。

本书与本系列其他教材共同以机械行业为背景，采用一个企业的真实经营业务，遵循循序渐进的原则，在阐明人力资源管理系统与其他系统、人力资源管理系统内部各部分之间关系的基础上，详细介绍企业人力资源管理各环节的业务处理方法与流程，力求达到使学习者全面深入了解人力资源管理、掌握实际业务操作的目的。

本书共包括12章，以用友ERP-U8 V10.1为实验平台，以一个企业的人力资源管理活动贯穿始终，从第3章到第12章的各人力资源管理模块中，每章均包括基本功能、理论基础和操作实务三个部分。基本功能部分明确该章实现的人力资源管理功能和具体处理的业务，理论基础部分介绍该模块涉及的主要专业知识，操作实务部分呈现了所处理的各项业务需要准备的相关资料和具体操作步骤，并且给出了操作中应该注意的重点问题。

本书不仅可以作为高校人力资源管理、企业管理、行政管理、社会保障、财务会计、物流管理等管理类专业的教学用书，也可作为软件技术等相关专业的教学用书，还可作为企业信息化管理人员及相关业务人员的培训教材。

为便于教学，本书提供教学资源，包含用友 ERP-U8 V10.1 教学版软件、各实验的备份数据、PPT 教学课件，以方便读者学习和使用。这些资源的链接地址可通过扫描下方二维码并推送到个人邮箱获取。

资源下载

本书的内容与结构由用友 ERP 应用实务系列规划教材编写组集体讨论决定，由高毅蓉、高建丽主编，王乐杰、李东升和王新玲为副主编，其中第 1～6 章由高毅蓉和王乐杰编写，第 7～12 章由高建丽和李东升编写。参与编写的人员还有王新玲、王贺雯等。本书在编写过程中得到了山东工商学院商学实验中心、用友新道同人的帮助和支持，特别是用友集团烟台分公司的葛红老师、烟台分公司培训部邢树生老师为本书的编写出版提供了很多的帮助。此外，感谢山东工商学院的赵芳潇、杨翠花、金丽娜和孙文浩等同学为本书的编写提供了资料整理、排版、校对等大量辅助性工作，同时我们也借鉴了一些企业管理和信息化建设的相关资料与文献，在此表示衷心的感谢。

由于编者水平有限，书中难免存在疏漏和不足之处，敬请广大读者批评指正。
服务邮箱：476371891@qq.com。

编　者

目　　录

| 第 1 章 | 走进《ERP 人力资源管理实务》 | 1 |

1.1 实务教程使用导航 …………… 1
　　1.1.1 设计思想 ………………… 1
　　1.1.2 编写特色 ………………… 2
　　1.1.3 学习建议 ………………… 3
1.2 认识机械行业原型企业 ……… 4
　　1.2.1 机械行业特色认知 ……… 4
　　1.2.2 原型企业现状呈现 ……… 5
　　1.2.3 认识信息化平台用友
　　　　　ERP-U8 ………………… 7

第 2 章 系统构建 …………………… 11

2.1 系统概述 ………………………… 11
　　2.1.1 功能概述 ………………… 12
　　2.1.2 与其他模块的数据关联 … 15
　　2.1.3 系统构建的操作流程 …… 16
2.2 应用实务 ………………………… 16
　　2.2.1 系统管理及基础档案
　　　　　设置 ……………………… 16
　　2.2.2 机构人员基础设置 ……… 24

第 3 章 HR 基础设置 ……………… 37

3.1 系统设置 ………………………… 39
　　3.1.1 信息结构——增加信
　　　　　息项 ……………………… 39
　　3.1.2 基础档案——增加档
　　　　　案项 ……………………… 41
　　3.1.3 人事业务定制 …………… 42
　　3.1.4 单据模板 ………………… 46
　　3.1.5 规则设置 ………………… 46
3.2 报表工具 ………………………… 48
　　3.2.1 固定统计表 ……………… 48
　　3.2.2 动态报表 ………………… 48
　　3.2.3 卡片 ……………………… 48
　　3.2.4 花名册 …………………… 48
　　3.2.5 综合分析 ………………… 50

第 4 章 人事管理 …………………… 55

4.1 组织机构 ………………………… 56
　　4.1.1 单位管理 ………………… 56
　　4.1.2 部门管理 ………………… 57
　　4.1.3 职务管理 ………………… 57
　　4.1.4 岗位管理 ………………… 57
　　4.1.5 继任人计划 ……………… 59
　　4.1.6 编制管理 ………………… 61
4.2 人员管理 ………………………… 63
　　4.2.1 人员档案 ………………… 63
　　4.2.2 入职管理 ………………… 63
　　4.2.3 人员变动处理 …………… 66

第 5 章 薪资管理 …………………… 69

5.1 薪酬管理相关参数的设置 …… 71
5.2 薪资标准 ………………………… 73
5.3 薪资调整 ………………………… 75
　　5.3.1 调资设置 ………………… 75
　　5.3.2 调资处理 ………………… 78
　　5.3.3 调资档案 ………………… 82
5.4 工资类别 ………………………… 82
　　5.4.1 新建工资类别 …………… 82
　　5.4.2 删除工资类别 …………… 83
5.5 设置基础信息 …………………… 83
　　5.5.1 发放次数管理 …………… 83
　　5.5.2 人员附加信息设置 ……… 85
　　5.5.3 工资项目设置 …………… 87
　　5.5.4 部门设置 ………………… 90
　　5.5.5 人员档案 ………………… 91

5.6	业务处理 ··	94
	5.6.1 实发工资变动 ····················	94
	5.6.2 奖金变动 ··························	96
5.7	扣缴所得税 ··	97
5.8	统计分析 ··	98
5.9	维护 ··	100

第 6 章 保险福利管理 ·················· 101

6.1	基础设置 ··	103
	6.1.1 福利类别设置 ····················	103
	6.1.2 福利业务设置 ····················	103
6.2	福利业务 ··	105
	6.2.1 福利档案 ··························	105
	6.2.2 福利缴交 ··························	107

第 7 章 考勤管理 ··························· 109

7.1	考勤设置 ··	111
	7.1.1 考勤类别 ··························	111
	7.1.2 考勤选项 ··························	113
	7.1.3 考勤制度 ··························	114
	7.1.4 休息日 ······························	115
	7.1.5 考勤班次 ··························	117
	7.1.6 班组 ··································	119
	7.1.7 考勤期间 ··························	120
	7.1.8 考勤人员 ··························	122
	7.1.9 考勤机管理 ······················	123
	7.1.10 考勤项目 ························	124
	7.1.11 考勤算法 ························	124
7.2	日常业务 ··	127
	7.2.1 排班管理 ··························	127
	7.2.2 加班登记 ··························	130
7.3	数据处理 ··	131
	7.3.1 刷卡数据 ··························	131
	7.3.2 考勤计算 ··························	131
	7.3.3 异常处理 ··························	132
	7.3.4 月考勤汇总 ······················	134
7.4	考勤日报 ··	135
7.5	统计分析 ··	135

第 8 章 人事合同管理 ·················· 137

8.1	基础设置 ··	139
	8.1.1 劳动合同设置 ····················	139
	8.1.2 通知模板 ··························	139
8.2	合同业务处理 ··	140
	8.2.1 初签业务 ··························	140
	8.2.2 合同变更业务 ····················	142
	8.2.3 合同续签业务 ····················	143
	8.2.4 合同终止业务 ····················	144
8.3	劳动争议结果记录 ················	145
8.4	劳动台账查询 ························	146
8.5	劳动报表查询 ························	146

第 9 章 招聘管理 ··························· 147

9.1	招聘渠道 ··	149
9.2	招聘需求 ··	150
9.3	招聘计划 ··	151
9.4	应聘管理 ··	152
9.5	人才库管理 ··	154

第 10 章 培训管理 ························ 155

10.1	培训资源管理 ······················	157
	10.1.1 培训教师管理 ················	157
	10.1.2 培训资料管理 ················	158
	10.1.3 培训设施管理 ················	158
	10.1.4 培训课程管理 ················	159
10.2	培训需求 ······························	160
10.3	培训计划 ······························	160
10.4	培训活动 ······························	162
10.5	培训评估 ······························	163
10.6	员工培训档案 ······················	164
10.7	统计分析 ······························	165

第 11 章 绩效管理 ························ 167

11.1	基础设置 ······························	169
	11.1.1 考评指标库 ····················	169
	11.1.2 评分方式 ······················	170
	11.1.3 考评量表模板 ················	170
11.2	绩效计划 ······························	171
11.3	Web 应用 ······························	174

11.4　考评结果 …………………………… 176
11.5　绩效反馈 …………………………… 179
11.6　统计分析 …………………………… 180

第 12 章　宿舍管理 …………………… 183
12.1　基础设置 …………………………… 184
　　12.1.1　宿舍设置 …………………… 184
　　12.1.2　费用项目 …………………… 186
12.2　日常业务 …………………………… 187
　　12.2.1　宿舍分配 …………………… 187
　　12.2.2　房间费用 …………………… 188
　　12.2.3　人员费用 …………………… 190
12.3　统计分析 …………………………… 191

第 1 章

走进《ERP人力资源管理实务》

ERP(enterprise resource planning,企业资源计划),是 20 世纪 90 年代美国一家 IT 公司根据当时计算机信息、IT 技术发展及企业对供应链的需求,预测今后信息时代企业管理信息系统的发展趋势和即将发生的变革而提出的概念。ERP 是针对物资资源管理(物流)、人力资源管理(人流)、财务资源管理(财流)、信息资源管理(信息流)集成一体化的企业管理软件,它由 Gartner Group 开发,描述了下一代制造商业系统和制订资源计划(MRP II)。在 ERP 管理系统的建设中,人力资源管理系统可以帮助企业规范与优化人员招聘、绩效管理、薪资管理等各项业务流程,收集、汇总并处理 HR 业务进行中发生的各种数据,为企业的管理决策提供依据,从而实现企业各项资源的有效运用,提高企业的运营效率与市场竞争能力。

1.1 实务教程使用导航

1.1.1 设计思想

本教程是为贯彻教育部"把创新创业教育有效纳入专业教育和文化素质教育教学"思想指导,满足经管类各学科拓宽专业基础、强化实验教学、优化整体教学体系的教学改革形势,面向应用型高校财经类人才的 ERP 管理系统通识教育需要而设计的。本教程共包括 12 章,第 2 章为系统管理和基础设置,第 3 章到第 12 章分别介绍人力资源管理系统各模块的基本功能、理论基础和操作实务。基本功能部分明确了通过各系统模块运行能实现的预期功能和应完成的主要工作；理论基础部分将系统运行中所涉及的理论知识和专业术语进行简明扼要的介绍，以便于学生了解和熟悉；操作实务部分详细介绍了实验需要准备的资料和具体的实验方法与步骤，并对实验中可能遇到的问题给予特别提示。操作实务部分是本教程的重点，所采用的资料都是根据企业发生的真实业务状况与数据给出，每个操作实务部分可以指导读者进行对应人力资源管理模块的实验操作。

为便于教学，本实验教程提供教学资源，其中包含用友 ERP-U8 V10.1 教学版软件运行后的账套、教学课件，以便读者学习和使用。

1.1.2 编写特色

1. 体系完整，数据真实

实验教程中实验数据以一个真实的机械行业企业原型为背景，以企业真实经营业务过程为主线贯穿始终，并与财务、生产制造、供应链管理、客户关系管理等其他系列教材实现共享，上机实验则阐述 ERP 人力资源管理系统的业务处理流程与系统的操作，使企业的整个管理与流程反映得更加清晰和完整。

2. 理实一体，学用结合

第 3 章到第 12 章中，每一章都包括基本功能、理论基础和操作实务三个部分，教师可以采用项目引导、任务驱动等教学方法，指导学生明确人力资源管理系统中各模块实现的目的和任务是什么，为了完成该任务需要用到哪些相关专业知识，通过系统中哪些操作实现该目的，从而有效提高学生学习理论知识的积极性和完成操作实务的主动性，真正实现以学生为中心的学习。

3. 资料齐备，使用便捷

实验教程中对实验结果提供了一个标准账套，这样，学生可通过它对照自己的实验结果，按照实务操作部分的操作步骤要求完成相应的人力资源管理业务处理，操作中容易碰到的疑难问题也能从本书中找到提示，从而有效地利用教学时间。

4. 讲解详细，学习灵活

考虑到在一定的教学条件下，系统的很多功能在规定的教学学时内无法安排，需要由学生在课外自行完成，因此对每个实务操作模块的方方面面都做了周密考虑，实务操作部分针对不同业务给予非常详尽的操作步骤，以此为对照，学生便可以按部就班地完成用友 ERP U8 V10.1 系统中的全部人力资源管理业务功能，掌握管理软件的精要。

1.1.3 学习建议

本实验教程旨在让学生了解人力资源管理的原理，体验人力资源管理信息化的优势，熟悉和掌握人员招聘、考核、管理等各处理模块的基本操作。因此在学习时，可采用以下两种学习路线。

1. 理论——实践

在每个实验开始之前，通过实验的介绍，让学生了解实验的相关理论知识和原理，然后通过实验进行验证，最后再回到理论。其优点是在掌握基本理论的基础上，通过实验检验理论的有效性，从而更好地理解相关理论知识。

2. 实践——理论

先根据实验操作指导进行实验，然后对实验结果进行分组讨论和总结，最后上升到相关理论知识。其优点是从实践到理论更直观易懂，更符合理论来源于实践的原则，对学生创新性思维和能力培养有着积极的推动作用。

本教程的实验课时应根据学生的不同层次、不同需求进行灵活安排，建议每个实验 2~4 学时(具体的学时安排见表 1-1)。人力资源管理系统在 ERP 系统中是一个相对独立的系统，因此可以设计为单独的实验课程。

表 1-1 教学内容学时分配表

实验内容	讲授课时	上机课时	合计
第 1 章 系统管理及基础档案设置	1	1	2
第 2 章 机构人员基础设置	1	1	2
第 3 章 HR 基础设置	0.5	1.5	2
第 4 章 人事管理	0.5	3.5	4
第 5 章 薪资管理	0.5	3.5	4
第 6 章 保险福利管理	0.5	1.5	2
第 7 章 考勤管理	0.5	3.5	4
第 8 章 人事合同管理	0.5	1.5	2
第 9 章 招聘管理	0.5	1.5	2
第 10 章 培训管理	0.5	1.5	2
第 11 章 绩效管理	0.5	3.5	4
第 12 章 宿舍管理	0.5	1.5	2
总计	7	25	32

1.2 认识机械行业原型企业

1.2.1 机械行业特色认知

机械制造业是历史悠久的工业形式，今天，机械制造业依旧是我国最主要的工业之一，是我国国民经济的核心，具体可分为石化机械行业、机床工具行业、农业机械行业、工程机械行业、机械基础行业、汽车工业、仪器仪表工业、重型矿山机械行业等。加入 WTO 和经济全球化后，我国正在成为制造业的中心，同时也正面临国内外市场的激烈竞争。竞争要求企业产品更新换代快、产品质量高、价格低、交货及时、服务好。掌握市场竞争的"武器"又与企业管理的模式、方法、手段、组织结构、业务流程密切相关。因此，追求精细化管理、提高经营管理效率，从而全面提升企业的核心竞争力，在机械设备行业中显得尤为重要。这也是中国从机械制造大国迈向机械制造强国的关键因素之一。

机械制造行业经营模式多样，产品结构和制造工艺相对复杂，该行业主要是通过对金属原材料物理形状的改变、加工组装进而成为产品。其生产的主要特点是：离散为主、流程为辅、装配为重点。工业生产基本上分为两大方式：离散型与流程型。离散型是指以一个个单独的零部件组成最终产成品的方式，因为其产成品的最终形成是以零部件的拼装为主要工序，所以装配自然就成了重点。流程型是指通过对一些原材料的加工，使其形状或化学属性发生变化，最终形成新形状或新材料的生产方式，诸如冶炼就是典型的流程型工业。

机械制造业传统上被认为属于离散型工业，虽然其中诸如压铸、表面处理等属于流程型的范畴，但是绝大部分的工序还是以离散为特点。所以，机械制造业并不是绝对的离散型工业，其中还有部分流程型的特点，具体有以下几个特点。

(1) 机械制造业的加工过程基本上是把原材料分割，然后逐一经过车、铣、刨、磨等加工工艺，部件装配，最后装配成成品出厂。

(2) 生产方式以按订单生产为主，按订单设计和按库存生产为辅。

(3) 产品结构(BOM)复杂，工程设计任务很重，不仅新产品开发要重新设计，而且生产过程中也有大量的设计变更和工艺设计任务，设计版本在不断更新。

(4) 制造工艺复杂，加工工艺路线具有很大的不确定性，生产过程所需机器设备和工装夹具种类繁多。

(5) 物料存储简易方便，机械制造业企业的原材料主要是固体(如钢材)，产品也为固体形状，因此存储多为普通室内仓库或室外露天仓库。

(6) 机械制造业企业由于主要是离散加工,产品的质量和生产率很大程度上依赖于工人的技术水平，而自动化程度主要在单元级，如数控机床、柔性制造系统等。因此机械制造业也是一个人员密集型行业，自动化水平相对较低。

(7) 产品中各部件制造周期长短不一和产品加工工艺路线的复杂性造成在制品管理不易。并且在生产过程中经常有边角料产生，部分边角料可回收利用，边角料管理复杂。

(8) 生产计划的制订与车间任务工作繁重。由于产品种类多，零件材料众多，加工工艺复杂，影响生产过程的不确定因素多，导致制订生产、采购计划困难。

(9) 产品零部件一般采用自制与委外加工相结合的方式。一般电镀、喷漆等特殊工艺会委托外协厂商加工。

1.2.2 原型企业现状呈现

1. 企业概况

烟台川林有限公司是生产经营各种密封垫片、内燃机汽缸垫片为主的专业厂家，是国内最大的生产密封产品的企业之一。该公司独家引进日本技术和生产流水线，在消化吸收的基础上，已形成十几条密封垫片生产线的生产能力，从产品开发设计、生产、检测到销售、服务采取一条龙生产经营模式。该公司为一汽大柴、重汽潍柴等主机和石化企业生产配套密封垫片，并出口日本、韩国、澳大利亚、东南亚及中东地区。

2. 公司组织结构(见图 1-1)

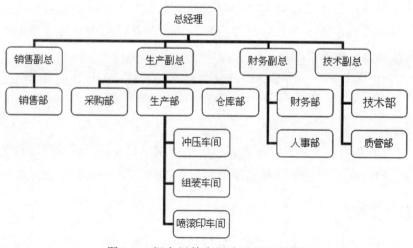

图 1-1　烟台川林有限公司组织结构

3. 公司管理中存在的问题

由于机械行业固有的特点，烟台川林有限公司生产经营及管理等方面面临着诸多难题。具体包括以下几个方面。

(1) 产品交货率低、客户及市场信息反馈不及时。由于市场和客户对产品交货期的要求越来越短，订单变化快、生产周期又相对较长，公司在生产制造的各个环节不能快速有效地响应客户对订单的变更要求、调整生产计划、准确预测订单交货期，从而出现了产品交货不及时，对客户的需求变化及对客户应收账款等信息掌握不及时的现象。

(2) 销售预测数据不准。销售预测的准确程度对企业整个全面预算的科学和理性起着至关重要的作用。由于销售预测数据的不准确，导致生产预算及直接材料预算、直接人工预算、制造费用预算不准确，从而很难对资金和成本进行全面预算。

(3) 产能不足，未能考虑产能安排生产。由于车间或工作中心的产能不能满足订单的交货期要求，公司不能及时了解各车间、班组、工序的产能情况，没有合理地在现有总产能的基础上进行分配，所以造成生产安排不合理。

(4) 生产计划靠人为手工管理，未能充分考虑在产和在途情况，导致生产计划和采购计划混乱。在手工或传统管理模式下，生产计划由生产部门编制，采购计划由采购部门根据生产计划、材料定额和产品配套清单编制；生产计划分级管理，企业生产部门下达各生产车间的产品项目，生产车间再根据企业下达的计划分解到本车间需要配套的下级产品。车间用料无定额控制，浪费严重，导致生产成本过高。

(5) 车间生产过程无跟踪控制，无法掌握生产进度。由于制造工艺复杂，从第一道工艺开始到最后一道工艺完成，其间所需要的时间通常是数天甚至数周。众多的零部件分布于多个房间，各道工艺分别已经完成多少数量？还要花多长时间才能完成？各道工序当前在制品数量为多少？目前进行哪一道工艺等信息无法准确及时得到，造成在制品数量过多，财务不准。

(6) 库存占用资金严重。由于公司产品零件及辅料较多，仓管人员对各类零部件的存货数量、存放位置及临时性的领退料情况难以掌握，导致库存存货数量过多，占用了大量的资金。

(7) 部门间业务衔接不顺畅。技术研发、生产部门、仓储、采购等部门的衔接非常困难，部门之间信息不能共享，数据不及时、不准确。

4. 信息化规划

由于面临上述管理中存在的问题，只依靠手工处理这些信息，协调企业运营各环节中出现的矛盾是不够的，只有借助 ERP 这样的先进管理工具，通过信息化平台建设才能更好地解决这些问题。烟台川林有限公司在进行信息化建设中需要解决以下几个主要问题。

(1) 如何分析每个客户、区域市场、不同产品的规模、比重和利润贡献？

(2) 如何能随时了解订单发货情况、生产完工状态、应收账款情况？

(3) 如何根据销售需求制订可行、高效的生产计划？

(4) 如何根据客户的需求变更快速进行生产计划的调整，并将生产计划调整的信息快速导入相关的作业部门，包括生产车间、供应部门、仓储部门和质量部门，以实现一个体系的供需平衡？

(5) 如何对已经下达的作业计划进行跟踪控制，保证计划按时、保质、保量地正常进行，实现对客户订单的适时交付？

(6) 如何在生产执行过程中对物料、设备、人员等信息实行准确记录，实现精细成本核算和对象量化考核管理需求？

(7) 如何准确掌握客户和供应商的应收账款、应付账款信息？

为实现以上管理目的，该企业选择了用友 ERP-U8 企业管理软件。该软件面向离散型和半离散型的制造企业资源管理的需求，遵循以客户为中心的经营战略，以销售订单及市场预测需求为导向，以计划为主轴，覆盖了面向订单采购、订单生产、订单装配和库存生产四种制造业生产类型，并广泛应用于机械、电子、食品、制药等行业。

1.2.3　认识信息化平台用友 ERP-U8

1. 用友 ERP-U8 功能特点

用友 ERP-U8 以精确管理为基础，以规范业务为先导，以改善经营为目标，提出"分步实施，应用为先"的实施策略，帮助企业"优化资源，提升管理"。用友 ERP-U8 为企业提供了一套企业基础信息管理平台解决方案，满足各级管理者对不同信息的需求：为高层经营管理者提供决策信息，以衡量收益与风险的关系，制定企业长远发展战略；为中层管理人员提供了详细的管理信息，以实现投入与产出的最优配比；为基层管理人员提供及时准确的成本费用信息，以实现预算管理、控制成本费用。其功能特点如下。

(1) 及时发现问题。

为适应外在环境的快速变化，管理者应具有高敏感度的意识，借助有效的决策支持工具，以体验组织内外部环境的变化，进而突显问题点。

(2) 正确做出决策。

在市场变化迅速、竞争异常激烈的时代，任何依赖于经验的决策都是非常危险的。科学决策是在全面、及时掌握信息的基础上，从全局角度出发，把握关键问题，快速应对变化。

(3) 严密制订计划。

从决策到计划的过程必须反复推敲其严密性，寻求最佳业务实践，以帮助用户确定更加有效的计划。一个具有明晰的流程设计和明确的角色分工的计划，是达成预先设定目标的保障。

(4) 有效执行控制。

必须实现数据的自动运算和按流程自动流转，减少人为干预；建立预警机制，反馈异常情况；实现业务追溯，发现问题根源，才能保障严格按计划执行，有效控制变化。

(5) 快速分析评估。

经过量化的分析和论证才能正确地、全面地评估经营状况。通过实时的、多角度的查询与分析，全面的指标体系监控，从而快速掌控整体业务运转情况，实现有效的预测。

2. 用友 ERP-U8 总体结构

用友 ERP-U8 V10.1 根据业务范围和应用对象的不同，分为财务管理、集团应用、客户关系管理、供应链管理、生产制造、分销管理、零售管理、决策支持、人力资源等系列产品(见图 1-2)，各系统之间信息高度共享。各系列产品的详细功能模块如表 1-2 所示。

表 1-2 用友 ERP-U8 V10.1 模块构成及功能表

应用功能	明细模块
财务管理	总账、出纳管理、应收管理、应付管理、存货核算、固定资产、UFO 报表、网上银行、票据通、网上报销、现金流量表、预算管理、成本管理、项目管理、资金管理、报账中心
供应链管理	合同管理、售前分析、销售管理、采购管理、委外管理、库存管理、质量管理、GSP 质量管理、进口管理、出口管理、序列号、VMI
生产制造	物料清单、主生产计划、需求规划、产能管理、生产订单、车间管理、工序委外、工程变更、设备管理
客户关系管理	客户关系管理(客户管理、商机管理、活动管理、费用管理、市场管理、统计分析、客户调查)、服务管理
人力资源	HR 基础设置、人事管理、薪资管理、计件工资(集体计件)、人事合同、考勤管理、保险福利、招聘管理、培训管理、绩效管理、员工自助、经理自助
决策支持	专家财务评估、商业智能
集团应用	结算中心、专家分析、集团账务、合并报表、集团预算、行业报表

(续表)

应用功能	明细模块
零售管理	零售管理端：价格管理、折扣管理、VIP 管理、统计查询、门店业务管理、基础设置、数据准备、数据交换、系统管理
	门店客户端：零售管理、店存管理、日结管理、基础设置、系统管理、联营管理
分销管理	通路管理、供应商自助、客户商务端、综合管理、业务记账、分销业务
系统管理与应用集成	系统管理、应用平台、企业门户、EAI 平台、金税接口、零售接口、远程接入
移动 ERP	重要消息及待办审批事项、业务管理、领导信息查询及经营分析

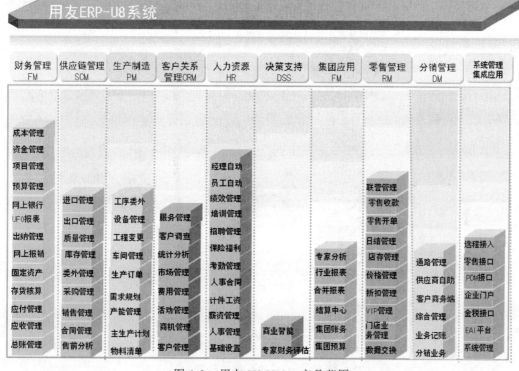

图 1-2　用友 U8 V10.1 产品范围

3. 数据关联

用友 U8 采用了将管理软件中各个模块一体化的设计模式，各子系统高度集成，数据做到了融会贯通，有机地结合成一个整体，满足用户经营管理的整体需要。各模块与企业物流、资金流、信息流的关系如图 1-3 所示；各功能模块之间的数据关联如图 1-4 所示。

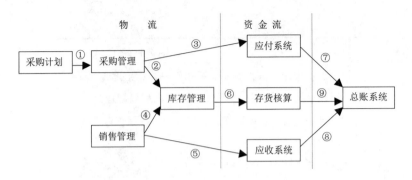

图 1-3　各模块与企业物流、资金流、信息流的关系

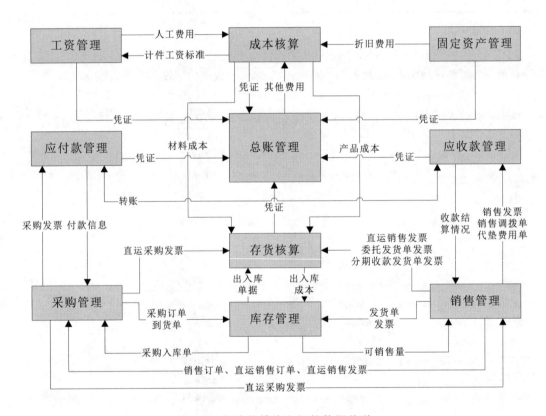

图 1-4　各功能模块之间的数据关联

第 2 章

系统构建

2.1 系统概述

人力资源管理系统(human resources management system,HRMS)包括人事档案、薪资、招聘、培训、考勤、绩效考核及其他人力资源管理,如图 2-1 所示,也指运用系统学理论方法,对企业的人力资源管理进行全方面的分析、规划、实施、调整,提高企业人力资源管理水平,使人力资源更有效地服务于组织或团体目标。

图 2-1 人力资源管理系统图

企业采用人力资源管理系统最主要的原因是，希望借助人力资源管理系统将人力资源运用到最佳经济效益，更多的企业已认识到人力资本的重要性不小于甚至超越土地、厂房、设备与资金等。人力资源管理系统最早出现于20世纪60年代末期，除了能自动计算人员薪酬外，几乎没有更多如报表生成和数据分析等功能，也不保留任何历史信息。20世纪70年代末，人力资源系统对非财务人力资源信息和薪资的历史信息都进行了设计，也有了初级的报表生成和数据分析功能。20世纪90年代末，人力资源管理系统迅速发展，HRMS的数据库将几乎所有与人力资源相关的数据都进行了收集与管理，是更强有力报表生成工具、数据分析工具和信息共享的实现。

用友ERP人力资源管理系统作为相对独立的职能管理系统，具有以下特点。

(1) 与供应链管理、生产管理和财务管理等其他ERP模块的兼容性。人力资源管理系统和企业内部其他系统兼容，为企业各业务系统及至整个企业提供人力资源管理服务，在一定程度上节约了企业因更新系统的重新培训和资本再投入的费用。

(2) 系统功能随着企业业务和管理的调整而改变的灵活性。人力资源管理系统可以按企业需求灵活定制，适合企业现行管理模式，而且能针对现在企业发展趋势定制未来发展模式。例如，绩效管理系统的设计可以满足KPI、平衡计分卡、PBC等各种考核体系的设计，因此系统支持企业组织结构调整和工作流程优化重组。这样就能减少企业二次开发的成本，并且能充分满足公司的需求。

(3) 异地共同办公的共享性。通过建立统一的数据库，可实现数据信息一处录入，处处可用，消除重复性工作和保证信息一致性。因此也适合集团分公司和行业系统用户的分布机构或下级单位的广域信息共享。同时，数据库系统提供用户管理和备份/恢复等安全机制，并且通过内部用户管理、用户操作权限设置及关键业务启用和关闭功能，进一步提高了系统的安全性。

2.1.1 功能概述

用友ERP人力资源管理系统主要有HR基础设置、人事管理、薪资管理、保险福利管理、考勤管理、招聘管理、人事合同管理、培训管理、绩效管理、宿舍管理、经理自助、员工自助等功能模块，从而实现战略管理、管理控制和事务处理三个不同层次的管理目标，如图2-2所示。

1. HR基础设置

HR基础设置模块是维护人力资源系统的数据字典，U8人力资源系统的数据分为人员、部门、职务、岗位、人才、单位、其他共七大类信息，各大类又由若干信息集组成；信息项是对应实际应用表的字段。在系统实施阶段或运行阶段，可以使用该功能调整人力资源系统的数据结构。

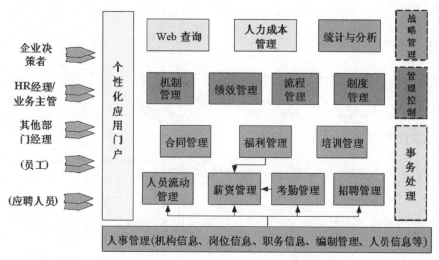

图 2-2　ERP 人力资源管理系统的功能体系

2. 人事管理

人事管理模块主要是管理用人单位内部在职或任职过的人员的相关信息，包括单位管理、部门管理、职务管理、岗位管理、继任人计划、编制管理、组织机构图和岗位任职人员等。另包括人员进入单位后的报到、任职、内部调动及离职等管理，还提供了满足人力资源查询的各类人事报表。

3. 薪资管理

薪资管理模块用于各类企业、行政事业单位进行工资核算、工资发放、工资费用分摊、工资统计分析和个人所得税核算等。另提供满足各查询条件的报表和汇总表。

4. 保险福利管理

保险福利管理模块包括管理单位要核算的四险一金(基本养老保险、基本医疗保险、失业保险、工伤保险、住房公积金)等国家或地方政府规定的法定福利，也可以管理如补充养老保险、补充医疗保险等企业福利，内容包括各保险、公积金的计算和缴纳与费用的分摊等。

5. 考勤管理

考勤管理模块用于各类企业、机关事业单位进行考勤管理，考勤结果可以传递到工资系统用以核算工资，如加班费、缺勤扣款、出差补贴、夜班津贴等。系统支持直接导入考勤机协作厂家的原始考勤记录(如刷卡记录)，根据设置自动计算加班工时等，内容包括考勤班组、类别和班次的设置信息，人员正常上班的刷卡记录和调休或休假等信息的记录。另提供了考勤日报和月报等数据汇总报表。

6. 招聘管理

招聘管理模块主要根据用人单位需要选择招聘渠道，制订招聘需求和招聘计划，管理应聘者的应聘资料和保存相关的应聘简历等。

7. 人事合同管理

人事合同管理模块用于对用人单位与劳动者个人签订的各种劳动合同(如固定期限劳动合同、无固定期限劳动合同、任务型劳动合同、劳务派遣合同、非全日制劳动合同)、人事协议(如岗位协议、保密协议、培训协议)的管理。合同管理最重要的是随时记得每个人的合同期限、合同的到期预警。

8. 培训管理

培训管理模块根据用人单位制订的培训计划或临时需要，安排培训活动，并可通过邮件或短信方式将活动信息发送给培训对象及相关人员，记录培训参加情况、培训成绩、培训费用、培训时间等相关员工培训档案及评估培训活动效果等。

9. 绩效管理

绩效管理模块模拟企业实际绩效管理业务，针对绩效主管、直线经理(负责人)及员工等角色，分别提供了制订绩效计划、依照计划开展绩效评价、对评价结果进行沟通反馈面谈、绩效评价结果应用等功能。其内容包括单位绩效考核的方式、考核的内容和参加考核人员的考核信息录入等。另有考核结果和考核反馈信息等。

10. 宿舍管理

宿舍管理模块适用于各类企业、行政事业单位对员工宿舍进行信息化管理。其主要内容包括宿舍的分配、宿舍发生的各项费用分摊和宿舍的收回等。另提供按宿舍和人员归集费用的报表。

11. 经理自助

企业领导人员和各级经理需要及时掌握和处理公司或部门各种人力资源信息。经理自助产品模拟实际业务，提供如下功能。

(1) 通过 Web 方式查询、浏览权限内的 HR 信息情况，如人员信息、部门信息、岗位信息、组织机构图、职位体系图、各类分析报表等。

(2) 维护人员相关信息。

(3) 处理部门与人力资源相关的业务，如提交部门的培训需求、招聘需求等。

12. 员工自助

企业员工需要查看他人联系信息及本人的薪资保险考勤等 HR 信息、维护本人基本信息。员工自助产品模拟实际业务，提供如下功能。

(1) 通过 Web 方式查询、浏览他人联系信息。

(2) 维护本人基本信息。

(3) 浏览本人 HR 信息，如薪资、考勤、保险福利、培训成绩、人事合同等。

(4) 提交培训需求。

2.1.2　与其他模块的数据关联

虽然人力资源管理系统在 ERP 中是一个相对独立的模块，但同时也和其他 ERP 模块有相应的数据关联和数据接口，如图 2-3 所示，主要表现在以下几个方面。

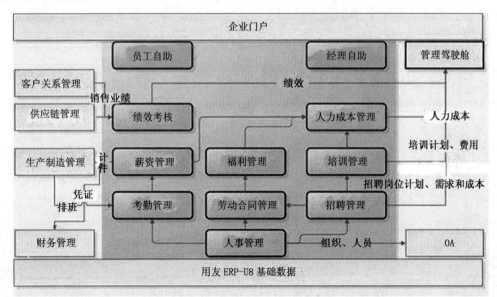

图 2-3　用友 ERP-U8 人力资源管理系统与其他模块的数据关联

(1) 客户关系管理和供应链管理模块为绩效考核提供销售业绩的数据。

(2) 生产制造管理模块为薪资管理提供计件工资计算的基础数据，并且为考勤管理提供排班的数据。

(3) 薪资管理模块生成的薪资表为财务管理提供工资核算的会计凭证。

(4) 绩效考核模块生成的绩效信息帮助高层管理人员进行经济效益分析，而招聘管理模块生成的岗位需求信息、招聘计划和成本等信息，以及培训管理模块所生成的培训计划和费用帮助高层管理人员进行成本分析和经营预算。

(5) 人事管理模块完整便于统计处理组织和人员的基础数据，促进了企业的办公自动化和办公无纸化。

2.1.3 系统构建的操作流程

用友人力资源管理系统是一个通用系统，其中包含面向不同企业对象的解决方案，而不同企业所属行业不同、管理模式不同，业务处理也有一定的差异。那么，如何将通用系统和企业特色相结合，构建适合于企业管理特点的人力资源管理系统呢？一般来说，企业应该经过大量的调研，对本行业、本企业的生产经营特点和人力资源管理特点进行具体深入的分析，并结合人力资源管理系统所提供的管理功能，来确定企业个性化应用方案。

人力资源管理系统的建账工作是在系统管理中完成的。系统管理的主要功能是对用友 ERP-U8 管理系统的各个产品进行统一的操作管理和数据维护，具体包括以下内容。

(1) 账套管理。账套指的是一组相互关联的数据，每一个企业(或第一个独立核算的部门)的数据在系统内部都体现为一个账套。账套管理包括账套的建立、修改、引入和输出等。

(2) 年度账管理。在用友 ERP-U8 管理系统中，每个账套里都存放有企业不同年度的数据，称为年度账。年度账管理包括：年度账的建立、引入、输出和结转上年数据，清空年度数据等。

(3) 操作员及其权限的集中管理。为了保证系统数据的安全和保密，系统管理提供了操作员及其权限的集中管理功能。通过对系统操作分工和权限的管理，可以对系统所包含的各个子系统的操作进行协调，以保证各负其责。操作员和其权限的管理主要包括设置用户、定义角色及设置用户功能权限。

一个账套可以由人力资源管理系统、供应链管理系统、生产管理系统等多个子系统组成，这些子系统共享公用的基础信息。在启用新账套时，应根据企业的实际情况和业务要求，先手工整理出一份基础资料，而后将这些资料按照系统的要求录入系统中，以便完成系统的初始建账工作。

2.2 应用实务

2.2.1 系统管理及基础档案设置

用 U8-HR 系统之前需要进行以下准备工作：首先，系统初始化配置安装用友

ERP-U8 V10.1 管理软件和数据库 SQL Server 的 2000 版本；其次，配置好应用服务器与数据库服务器的连接，并启动环境。最后，进行初始化配置。系统初始化配置包括增加用户、分配用户权限、创建账套等操作。在系统初始化配置完成后，就可以增加组织机构相关基础数据，搭建企业组织体系，为人力资源各业务的操作做好组织信息方面的准备。基于企业实际情况，本教程对 U8 HR 系统进行初始化配置采用烟台川林有限公司的实际数据作为实务操作资料，具体建账参数设置如表 2-1 所示。

表 2-1 建账参数设置

系统启用时间：2020-01-01	月末结账：每月月末	本位币：人民币
行业：工业	企业类型：2007 新会计制度	外币：不启用
存货分类级次：2-2-2	客户分类级次：2	供应商分类级次：2
部门编码级次：2-2	收发类别级次：1-2	科目级次：4-2-2-2-2
地区编码：2-2	结算方式编码：3	
账套号：001	行业性质：2007 年新会计制度科目	账套操作员(均为账套主管)：hrm 张天
账套名称：烟台川林有限公司		

1. 以系统管理员身份登录系统管理

操作步骤：

① 执行"开始"|"程序"|"用友 ERP-U8"|"系统服务"|"系统管理"命令，进入"用友 ERP-U8[系统管理]"窗口。

② 执行"系统"|"注册"命令，如图 2-4 所示，打开"登录"系统管理对话框。

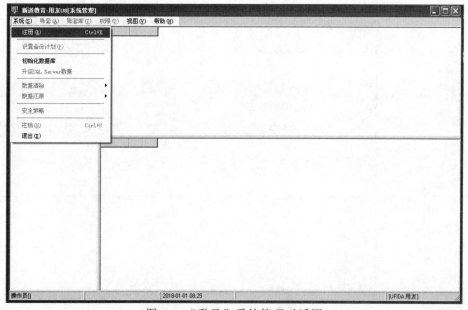

图 2-4 "登录"系统管理对话框

③ 系统中预先设定了一个系统管理员 admin，第一次运行时，系统管理员密码为空，如图 2-5 所示。单击"确定"按钮，以系统管理员身份进入系统管理。

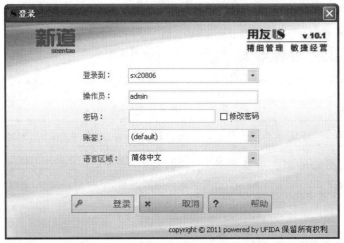

图 2-5 "登录"账套

2. 增加用户

只有系统管理员(admin)才能进行增加用户的操作。

操作步骤：

① 以系统管理员身份登录系统管理，执行"权限"|"用户"命令，如图 2-6 所示，打开"用户管理"对话框。

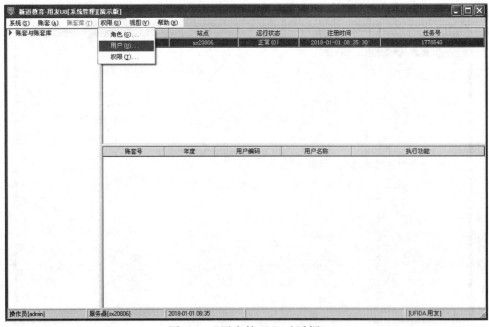

图 2-6 "用户管理"对话框

② 单击"增加"按钮,打开"增加用户"对话框,录入编号"hrm"、姓名"张天"、认证方式"用户+口令(传统)"、口令及确认口令"123"、所属部门"人事部",在所属角色列表中选中"账套主管"复选框,如图2-7所示。

③ 单击"增加"按钮,依次设置其他操作人员。设置完成后单击"取消"按钮退出。

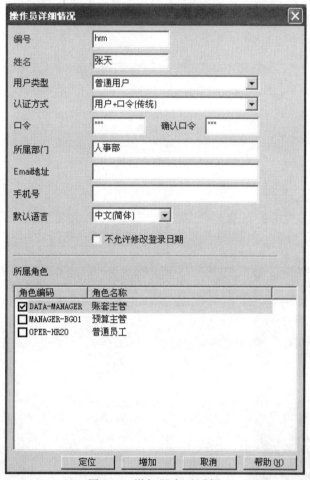

图 2-7 增加用户对话框

3．建立账套

只有系统管理员可以建立企业账套。建账过程在建账向导引导下完成。

操作步骤：

① 以系统管理员身份注册进入系统管理,执行"账套"|"建立"命令,如图2-8所示,打开"账套信息"对话框。

② 录入账套号"001",账套名称"烟台川林有限公司";启用会计期"2020-1",如图2-9所示。

③ 单击"下一步"按钮,打开"单位信息"对话框,录入单位信息,如图 2-10 所示。

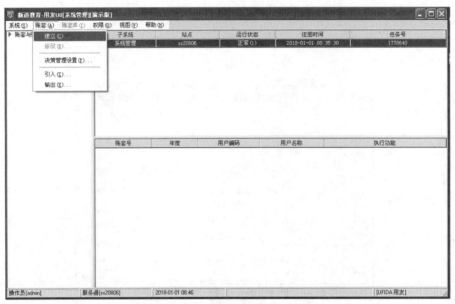

图 2-8　建立"账套信息"对话框

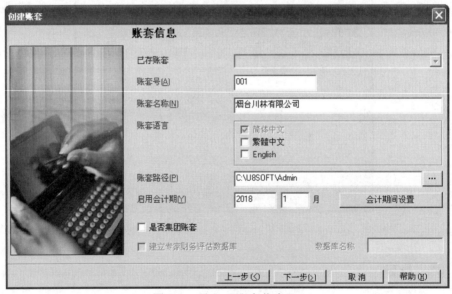

图 2-9　录入"账套信息"

提示：

单位信息中只有"单位名称"是必须录入的,必须录入的信息以蓝色字体标识(以下同)。

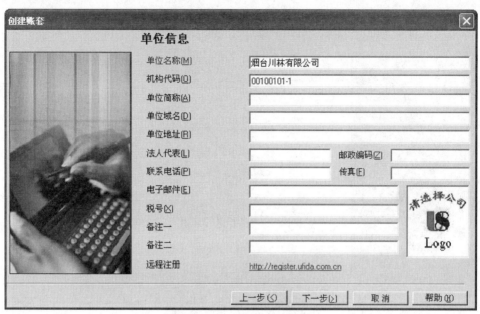

图 2-10 "单位信息"对话框

④ 单击"下一步"按钮,打开"核算类型"对话框。

⑤ 单击"账套主管"栏的下三角按钮,选择"[hrm]张天",其他采取系统默认设置,如图 2-11 所示。

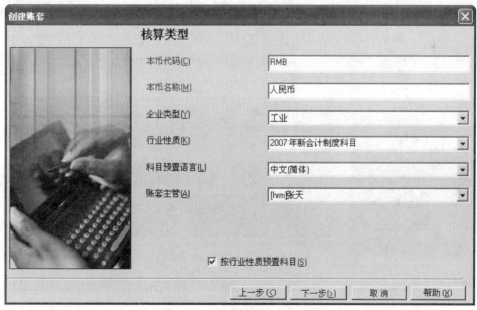

图 2-11 "核算类型"对话框

⑥ 单击"下一步"按钮,打开"基础信息"对话框,分别选中"存货是否分类""客户是否分类"及"供应商是否分类"复选框,如图 2-12 所示。

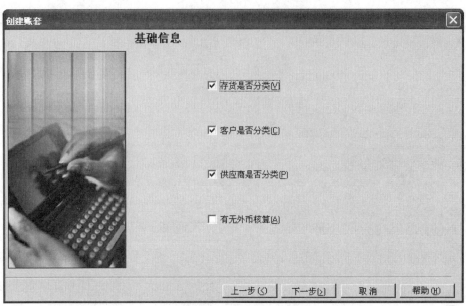

图 2-12 "基础信息"对话框

⑦ 单击"下一步"按钮，弹出系统提示对话框，如图 2-13 所示，单击"完成"按钮，弹出系统提示"可以创建账套了么？"。单击"是"按钮，稍候，打开"分类编码方案"对话框。

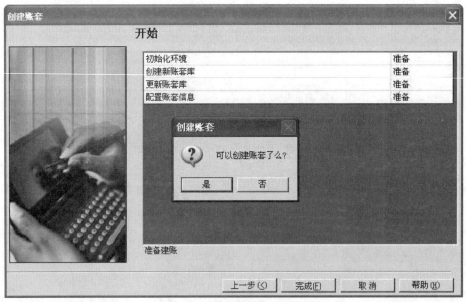

图 2-13 "创建账套"对话框

⑧ 打开"编码方案"对话框，按所给资料修改分类编码方案，如图 2-14 所示。
⑨ 单击"确定"按钮，再单击"取消"按钮，打开"数据精度"对话框，如图 2-15 所示。

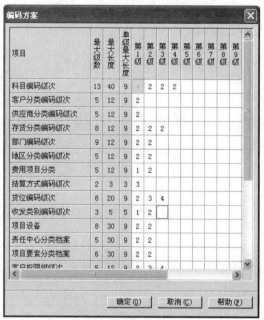

图 2-14 "编码方案"对话框

图 2-15 "数据精度"对话框

⑩ 默认系统预置的数据精度，单击"确定"按钮，稍等片刻系统弹出信息提示对话框，如图 2-16 所示。

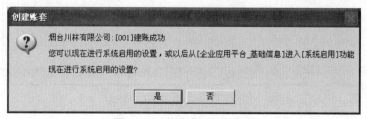

图 2-16 信息提示对话框

⑪ 单击"否"按钮，结束建账过程。系统弹出"请进入企业应用平台进行业务操作！"提示，单击"确定"按钮返回系统管理。

2.2.2 机构人员基础设置

在 U8-HR 系统中进行机构人员基础设置，包括：如何启用 HR 基础设置模块，如何对部门、人员、岗位的相关档案项进行初始设置。对部门、人员、岗位进行基础设置的具体操作有：增加部门，增加人员类别，增加职务簇、职务，增加岗位序列、岗位等级、岗位，增加人员档案等。

1. 登录用户及其权限

进行机构人员基础设置需要具有账套主管权限，具体用户和权限设置如表 2-2 所示。

表 2-2 用户及其权限设置

用户编码	用户密码	用户名称	权限
hr	123	张华	员工关系经理权限

操作步骤：

① 以系统管理员身份登录系统管理，执行"权限"|"角色"命令，打开"角色管理"对话框。单击"增加"按钮，输入角色编码"MANAGER-ER"、角色名称"员工关系经理"，如图 2-17 所示。

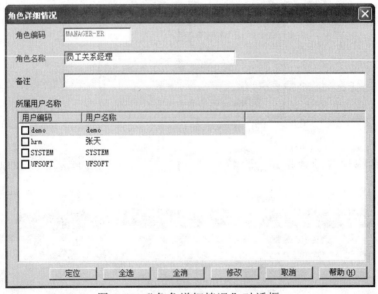

图 2-17 "角色详细情况"对话框

② 以系统管理员身份登录系统管理，执行"权限"|"用户"命令，打开"用户管理"对话框。单击"增加"按钮，打开"增加用户"对话框，录入编号"hr"、姓名"张华"、认证方式"用户+口令(传统)"、口令及确认口令"123"、所属部门"人

事部"，在所属角色列表中选中"员工关系经理"前的复选框，如图 2-18 所示。

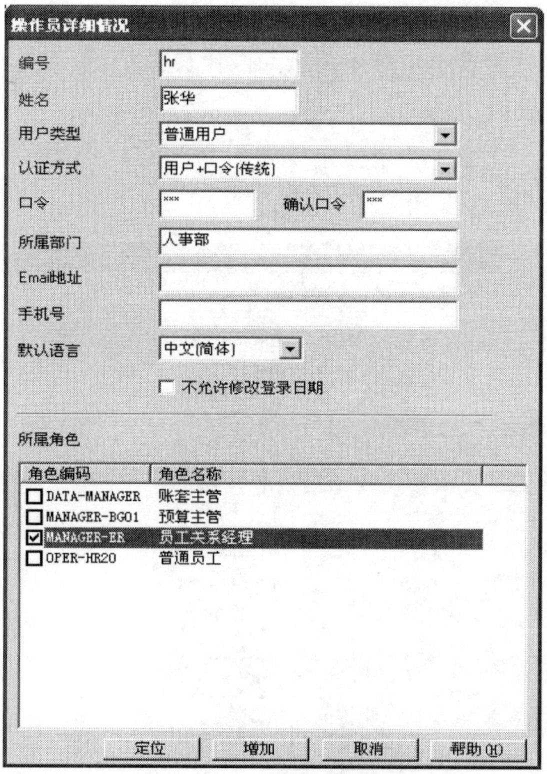

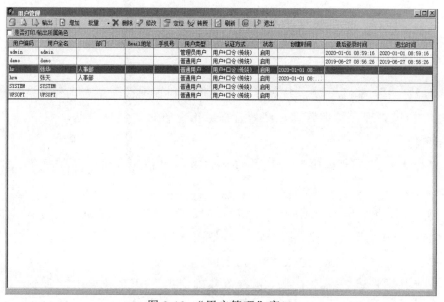

图 2-18 增加用户对话框

③ 单击"增加"按钮，依次设置其他操作人员。设置完成后单击"取消"按钮退出。任务完成并在"用户管理"窗口显示，如图 2-19 所示。

图 2-19 "用户管理"窗口

④ 在系统管理中，执行"权限"|"权限"命令，打开"操作员权限"对话框。

⑤ 在"账套主管"下拉列表中选中"[001]烟台川林有限公司"账套。

⑥ 在左侧的操作员列表中，选中"hr"操作员张华。

⑦ 单击"修改"按钮。

⑧ 在右侧窗口中，选中"公用目录设置""HR 基础设置""人事管理"及"人事合同管理"复选框，如图 2-20 所示。

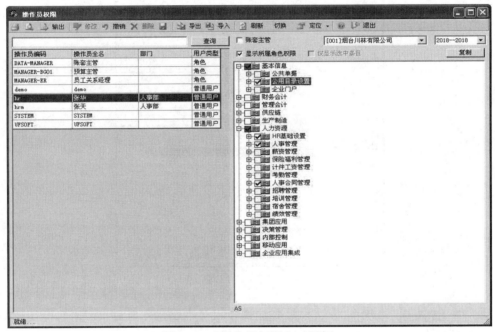

图 2-20 "操作员权限"对话框

⑨ 单击"保存"按钮返回。

2. 模块启用

启用模块：HR 基础设置、人事管理、保险福利管理、人事合同管理、薪资管理、考勤管理、招聘管理、培训管理、绩效管理、宿舍管理、经理自助。

操作步骤：

① 执行"开始"|"程序"|"用友 ERP-U8"|"企业应用平台"命令，打开"登录"对话框。

② 录入操作员"hrm"(或张天)，密码"123"，单击"账套"栏的下三角按钮，选择"[001](default)烟台川林有限公司"，如图 2-21 所示。

③ 单击"确定"按钮，进入"企业应用平台"窗口。

④ 在"基础设置"选项卡中，执行"基础信息"|"系统启用"命令，打开"系统启用"对话框。

图 2-21 "登录"对话框

⑤ 选中"HR 基础设置"复选框,弹出"日历"选项框,选择系统当时的登录时间,如图 2-22 所示。

图 2-22 "日历"选项框

⑥ 单击"确定"按钮,系统弹出"确实要启用当前系统吗"信息提示框,单击"是"按钮,完成"HR 基础设置"模块的启用,如图 2-23 所示。

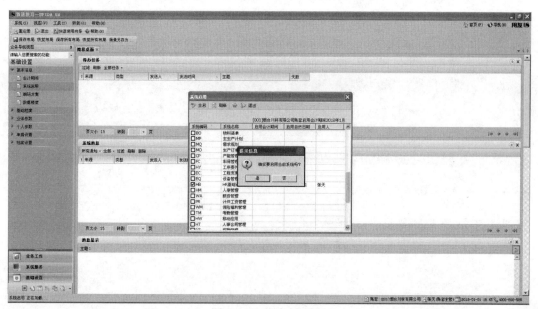

图 2-23 信息提示框

⑦ 以此类推，分别启用"人事管理""保险福利管理""人事合同管理""薪资管理""考勤管理""招聘管理""培训管理""绩效管理""宿舍管理"及"经理自助"模块。

3. 增加部门档案

具体需要增加的部门如表 2-3 所示。

表 2-3　部门信息

序号	部门编码	部门名称	成立时间
1	01	总裁办	2020-01-01
2	02	销售部	2020-01-01
3	03	采购部	2020-01-01
4	04	财务部	2020-01-01
5	05	技术部	2020-01-01
6	06	生产部	2020-01-01
7	0601	冲压车间	2020-01-01
8	0602	组装车间	2020-01-01
9	0603	喷滚印车间	2020-01-01
10	07	质管部	2020-01-01
11	08	仓库部	2020-01-01
12	09	人事部	2020-01-01

注：部门编码一旦输入不能更改。

操作步骤：

① 在"基础设置"选项卡中，执行"基础档案"|"机构人员"|"部门档案"命令，进入"部门档案"窗口。

② 单击"增加"按钮，录入部门编码"01"、部门名称"总裁办"，如图 2-24 所示。

③ 单击"保存"按钮，以此方法依次录入其他的部门档案。

4. 增加人员类别

需要增加的人员类别信息如表 2-4 所示。

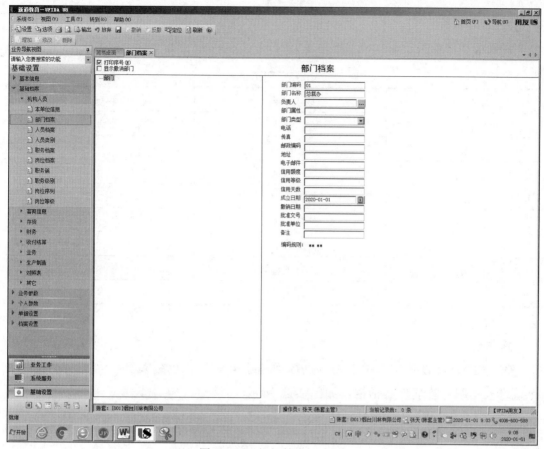

图 2-24 "部门档案"窗口

表 2-4 人员类别信息

人员类别编码	人员类别名称	上级人员分类
104	劳务派遣工	—
105	临时工	—

操作步骤：

① 在"基础设置"选项卡中，执行"基础档案"|"机构人员"|"人员类别"命令，进入"人员类别"窗口，如图 2-25 所示。

② 单击"增加"按钮，按实验资料在"在职人员"下增加人员类别。

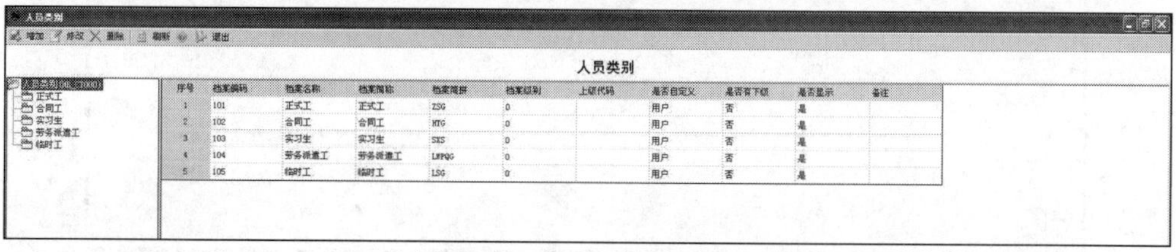

图 2-25 "人员类别"窗口

5. 增加职务

需要增加的职务信息如表 2-5 所示。

表 2-5　职务信息

职务编码	职务名称	职务簇
001	总经理	7
002	副总经理	7
003	部门经理	7
004	业务经理	7
005	财务总监	8
006	总工程师	8
007	高级工程师	8
008	初级工程师	8

操作步骤：

① 在"基础设置"选项卡中，执行"基础档案"|"机构人员"|"职务档案"命令，进入"职务管理"对话框，如图 2-26 所示。

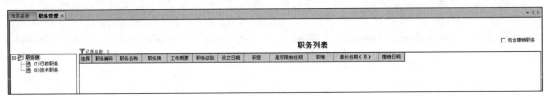

图 2-26　"职务管理"对话框

② 单击"增加"按钮，在新弹出的"职务管理"窗口中按实验资料输入职务信息，如图 2-27 所示。

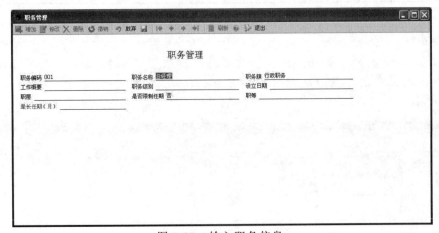

图 2-27　输入职务信息

③ 单击"保存"按钮，以此方法依次输入其他的职务信息。

6．增加岗位序列、岗位等级、岗位档案

岗位序列、岗位等级和岗位档案可分别进行设置，需要增加的岗位序列信息如表2-6所示，岗位等级信息如表2-7所示，岗位信息如表2-8所示。

表2-6　岗位序列信息

岗位序列编码	岗位序列名称
1	经营管理序列
2	市场营销序列
3	生产运营序列
4	职能支持序列

表2-7　岗位等级信息

岗位等级编码	岗位等级名称
5	等级d
6	等级e
7	等级f

表2-8　岗位信息

岗位编码	岗位名称	岗位序列	岗位等级	所属部门	直接上级	成立日期
0001	总经理	经营管理序列	等级a	总裁办		2020-01-01
0002	销售副总	经营管理序列	等级b	总裁办	0001	2020-01-01
0003	生产副总	经营管理序列	等级b	总裁办	0001	2020-01-01
0004	财务部经理	经营管理序列	等级b	财务部	0001	2020-01-01
0005	会计	职能支持序列	等级d	财务部	0004	2020-01-01
0006	出纳	职能支持序列	等级e	财务部	0004	2020-01-01
0007	人力资源部经理	经营管理序列	等级c	人力资源部	0001	2020-01-01
0008	人事专员	职能支持序列	等级e	人力资源部	0007	2020-01-01
0009	薪酬专员	职能支持序列	等级d	人力资源部	0007	2020-01-01
0010	生产部经理	经营管理序列	等级c	生产部	0003	2020-01-01
0011	冲压车间主任	经营管理序列	等级d	冲压车间	0010	2020-01-01
0012	组装车间主任	经营管理序列	等级d	组装车间	0010	2020-01-01
0013	冲压车间生产人员	生产运营序列	等级f	冲压车间	0011	2020-01-01
0014	组装车间生产人员	生产运营序列	等级f	组装车间	0012	2020-01-01

(1) 增加岗位序列。

操作步骤：

① 在"基础设置"选项卡中，执行"基础档案"|"机构人员"|"岗位序列"命令，进入"岗位序列"窗口。

② 单击"增加"按钮，打开"增加档案项"对话框，按实验资料录入岗位序列信息。

③ 单击"确定"按钮，输入其他的岗位序列信息，如图2-28所示。

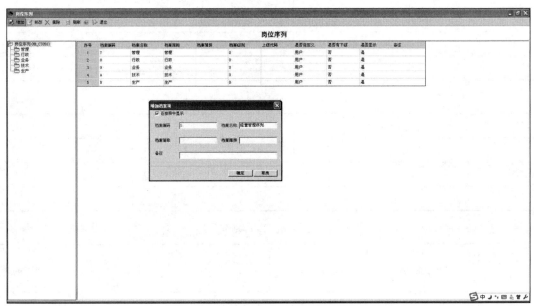

图2-28 增加岗位序列

(2) 增加岗位等级。

操作步骤：

① 在"基础设置"选项卡中，执行"基础档案"|"机构人员"|"岗位等级"命令，进入"岗位等级"窗口。

② 单击"增加"按钮，打开"增加档案项"对话框，按实验资料录入岗位等级信息。

③ 单击"确定"按钮，输入其他的岗位等级信息，如图2-29所示。

(3) 增加岗位档案。

操作步骤：

① 在"基础设置"选项卡中，执行"基础档案"|"机构人员"|"岗位档案"命令，进入"岗位管理"窗口。

② 单击"增加"按钮，打开"岗位管理"对话框，按实验资料录入岗位信息(所属部门、岗位等级、岗位序列等，单击 按钮)，如图2-30所示。

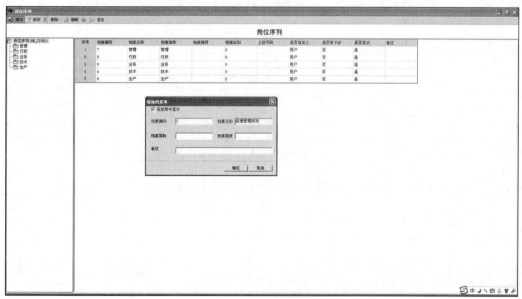

图 2-29　增加岗位等级

岗位管理

岗位编码	0001	岗位名称	总经理	所属部门	总裁办
成立日期	2020-01-01	直接上级		岗位等级	等级a
岗位序列	经营管理序列	工作概要		工作目的	
工作环境		工作地点		工作要求	
是否限制任期	否	最长任期（月）			

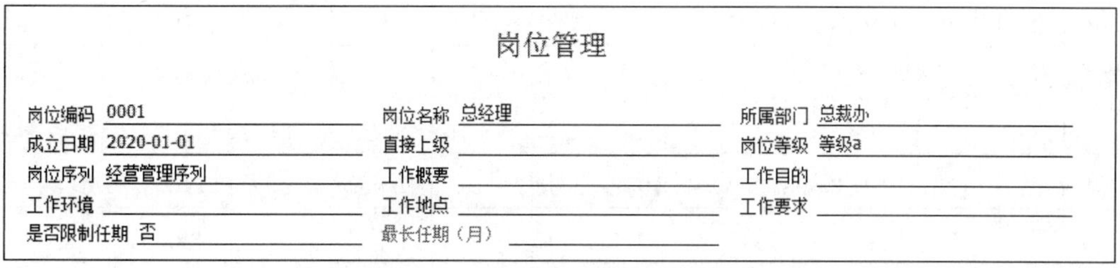

图 2-30　“岗位管理”对话框

③ 单击“保存”按钮，以此方法输入其他的岗位档案信息，如图 2-31 所示。

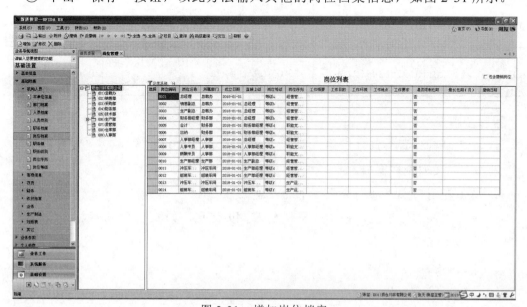

图 2-31　增加岗位档案

7. 增加人员档案

需要增加的人员档案如表 2-9 所示。

表 2-9 人员档案信息

人员编码	姓名	身份证号	性别	出生日期	人员类别	部门	岗位	任职开始日期	所属职务
0001	李磊	132210196801011234	男	1968-01-01	合同工	总裁办	总经理	1996-06-10	总经理
0002	马军	120110197210011234	男	1972-10-01	合同工	总裁办	生产副总	2000-03-01	副总经理
0003	李宏	120110197511011234	男	1975-11-01	合同工	总裁办	销售副总	2005-08-01	副总经理
0004	闫晓娟	120110197011011223	女	1970-11-01	合同工	财务部	财务部经理	1996-06-10	部门经理
0005	刘丽	120110197912011223	女	1979-12-01	合同工	财务部	会计	2004-09-01	
0006	杨阳	120110198103011223	女	1981-03-01	合同工	财务部	出纳	2006-07-10	
0007	张天	120110197304221233	男	1973-04-22	合同工	人事部	人力资源部经理	1998-03-03	部门经理
0008	孙力	120110197805081263	女	1978-05-08	合同工	人事部	薪酬专员	2003-09-01	
0009	张华	120110197707071213	男	1977-07-07	合同工	人事部	人事专员	2005-08-01	
0010	周杉	120110197007071213	男	1970-07-07	合同工	生产部	生产部经理	1998-04-01	部门经理
0011	田亮	120110197508091213	男	1975-08-09	合同工	冲压车间	车间主任	2003-04-01	
0012	王涛	120110197903091213	男	1979-03-09	合同工	冲压车间	冲压车间生产人员	2006-07-03	

操作步骤：

① 在"基础设置"选项卡中，执行"基础档案"|"机构人员"|"人员档案"命令，进入"人员列表"窗口。

② 单击左窗口中"部门分类"下的"总裁办"。

③ 单击"增加"按钮，按实验资料输入人员信息，如图 2-32 所示。

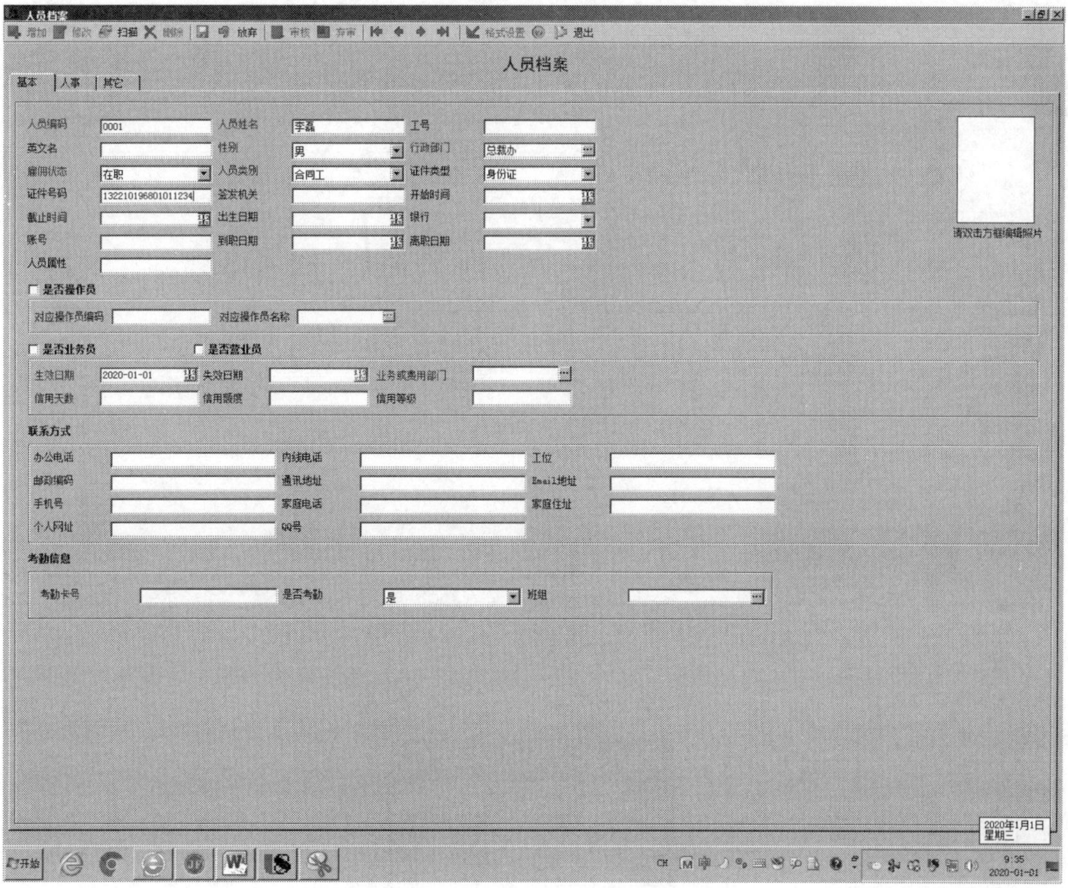

图2-32 "人员档案"对话框1

④ 单击"保存"按钮,以此方法输入其他人员档案。

提示:

审核按钮的操作说明:只有审核通过的人员才能参与各种人事业务处理;对审核通过的人员档案信息不能进行删除操作;不能直接修改其行政部门、人员类别等信息,只能通过人事变动处理节点进行修改,如图2-33所示。

图2-33 "人员档案"对话框2

⑤ 单击"全选"按钮,选中所有人员,选择栏出现"Y"表示选择成功,单击"审核"按钮,如图2-34所示。

图 2-34 "人员列表"对话框

⑥ 单击"是"按钮,如图 2-35 所示。

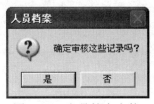

图 2-35 人员档案审核

第 3 章

HR 基础设置

▎HR 基础设置基本功能

通过本实验使学生掌握在 U8-HR 系统中对员工信息进行管理，包括如何设置 HR 数据字典、如何维护基础档案、如何设置员工卡片及花名册报表、如何进行人员统计分析等，完成对员工静态信息的维护。该功能主要包括启用 HR 基础设置、人事管理等模块，用以维护相关组织信息及人员信息。

- 系统设置
  - 信息结构
  - 基础档案
  - 人事业务定制
  - 单据模板
  - 规则设置
  - 自主权限设置
- 报表工具
  - 固定统计表
  - 动态报表
  - 卡片
  - 花名册

♦ 综合分析

HR 基础设置理论基础

考勤管理是企业管理中最基本的管理，企业规定员工的工作日、上下班时间、请假、加班、出差、外出等制度，考勤管理人员月底需要向主管和财务提供员工的考勤数据，包括迟到、请假、加班、早退、旷工等，以备主管对员工打绩效，财务对员工做工资等条目。目前用得比较多的有指纹考勤机、打卡机及考勤软件等。

● 员工信息管理

信息是事物现象及其属性标识的集合。员工基础信息主要是指企业人力资源部门所收集和掌握的、与员工个体密切相关的基础现象及其属性标识。企业借助现代信息技术，对员工基础信息进行的收集、审核、整理、统计、应用等。一般来说，员工基础信息包括：个人基础信息，例如员工个人的人口统计学情况，如年龄、性别、籍贯等；学历信息，例如员工所受的学历教育及在职培训情况；简历信息，例如员工在入公司以前的履历及入公司以后的轮岗情况；技能信息，例如员工所掌握的各项技能、职称、能力的情况；家庭成员信息，例如员工主要家庭成员的基本情况；等等。

信息结构是 U8-HR 的数据结构，由信息集和信息项组成。信息集为实际应用表，由若干信息项组成；信息项是对应实际应用表的字段；U8 人力资源系统中信息集分为人员、部门、职务、岗位、人才、单位、其他七大类。

● 人事信息数据统计

人事信息数据统计分析是企业进行人事信息管理的基础和依据，因此，相关人事信息管理表格一定要科学、准确、详细，并且有利于查找、利用，这样才能真正辅助企业管理者进行人事信息管理工作。

企业里由于人员较多且流动变化大，因而人力资源部应及时做好人事数据的整理、汇总分析等工作，并且这些数据常常也是企业做各项决策的参考依据，因此处理好人事数据的整理工作意义重大。人事信息数据统计分析的主要功能有如下几个。

(1) 把握企业人力资源队伍现状，为重大决策做支撑。

(2) 通过实时监控和统计企业全体员工的基础信息情况(如在岗人员与离职人员的年龄、性别、学历、能力等)，可帮助企业高层管理者和人力资源管理部门掌握企业人力资源队伍的现状及流失情况，继而为企业制定招聘政策、设计培训体系等决策提供参考。

(3) 针对某部门或某岗位人员等开展专题基本情况分析，继而在企业实施组织架构或经营策略调整时预先做好相应人员的疏散或沟通。

▎HR 基础设置操作实务

具体的实验操作方法与步骤见以下各节内容。

3.1 系统设置

3.1.1 信息结构——增加信息项

需要增加的信息项如表 3-1 所示。

表 3-1 需要增加的信息项

信息代码	信息名称	数据类型	数据长度	显示
Pname	紧急联系人员姓名	字符型	20	是
Telp	紧急联系人电话	字符型	100	是
www	个人博客	超级链接型	100	是

操作步骤：

① 执行"开始"|"程序"|"用友 ERP-U8"|"企业应用平台"命令，打开"登录"对话框。

② 录入操作员"hrm"(或张天)，密码"123"，单击"账套"栏的下三角按钮，选择"[001]烟台川林有限公司"。

③ 单击"确定"按钮，进入"企业应用平台"窗口。

④ 在"业务工作"选项卡中，执行"人力资源"|"HR 基础设置"|"系统设置"|"信息结构"命令，进入"信息结构"窗口，如图 3-1 所示。

图 3-1 "信息结构"窗口

⑤ 在左侧的列表中，选中"人员基本信息表"，单击"增加"栏的下三角按钮，选择"信息项"，打开"增加信息项"对话框。

⑥ 按实验资料输入信息项信息，如图3-2所示。

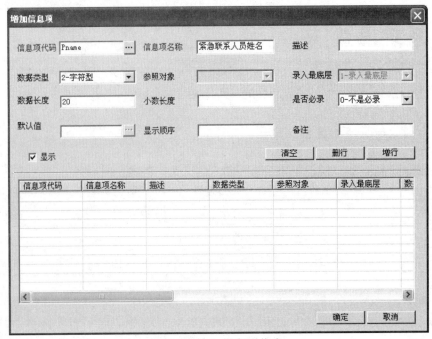

图3-2 输入信息项信息

⑦ 单击"增行"按钮，任务完成，结果显示如图3-3所示。

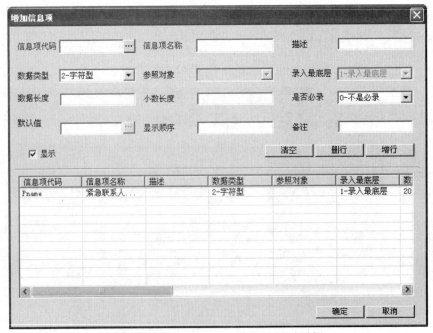

图3-3 "增加信息项"结果显示对话框

⑧ 单击"确定"按钮，打开"基础设置"信息提示对话框，如图3-4所示，单击"确定"按钮，信息项将添加在"信息结构"列表中。

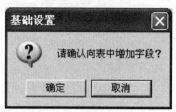

图3-4 "基础设置"对话框

⑨ 同理，依次输入其他信息项信息。

提示：

信息代码为"字母或数字"并为唯一信息代码。若数据类型为超链接型设置网址，可以与网页直接连接。

3.1.2 基础档案——增加档案项

基础档案作为常用信息录入的参照信息，用以标准化用户的信息录入，如表3-2所示。

表3-2 基础档案信息

档案编号	档案名称	参照中显示
05	高级技工	是
06	中级技工	是
07	初级技工	是

操作步骤：

① 在"业务工作"选项卡中，执行"人力资源"|"HR基础设置"|"系统设置"|"基础档案"命令，进入"基础档案"窗口，如图3-5所示。

② 在左侧列表中，选中"工资标准类型"，单击"增加"栏的下三角按钮，选择"档案项"，打开"增加档案项"对话框。

③ 按实验资料输入档案项信息，单击"确定"按钮，同理，依次输入其他档案项信息，如图3-6所示。

图 3-5 "基础档案"窗口

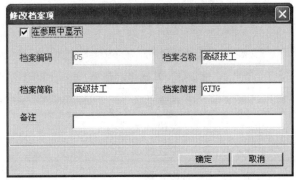

图 3-6 输入档案项信息

3.1.3 人事业务定制

系统预置常用的人事变动业务,但考虑到不同企业的实际情况,允许客户调整系统预置的人事变动业务,也可以自行配置新的人事变动业务。

修改人事业务定制信息如表 3-3 所示。

表 3-3 修改人事业务定制信息

人事变动业务	业务表单制定	设置业务处理信息范围	业务处理人员范围	设置业务处理规则
员工转正	增加:变化前人员类别、变化后人员类别	任职情况	人员基础信息表.是否使用人员 = 1	人员类别值 修改 = 修改后人员类别

(续表)

人事变动业务	业务表单制定	设置业务处理信息范围	业务处理人员范围	设置业务处理规则
晋升	增加：变动前职务、变动后职务	任职情况	人员基础信息表.人员编号 非空	职务 = 变化后职务
平调		任职情况	人员基础信息表.人员编号 非空	

操作步骤：

① 在"业务工作"选项卡中，执行"人力资源"|"HR 基础设置"|"系统设置"|"人事业务定制"命令，打开"人事业务定制"对话框，如图 3-7 所示。

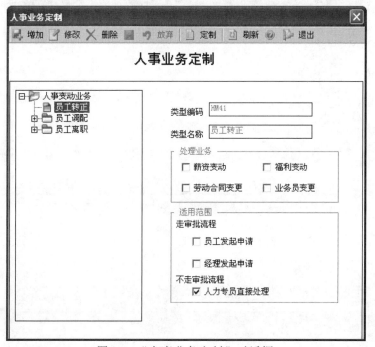

图 3-7 "人事业务定制"对话框

② 在左侧列表中，选中"员工转正"，单击"定制"按钮，打开"业务表单定制"对话框，如图 3-8 所示。

③ 双击"变化前人员类别"和"变化后人员类别"，单击"下一步"按钮，打开"设置业务处理信息范围"对话框，如图 3-9 所示。

图 3-8 "业务表单定制"对话框

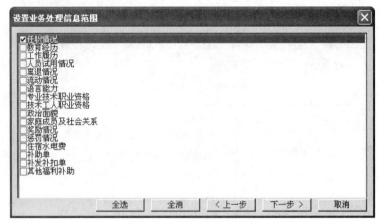

图 3-9 "设置业务处理信息范围"对话框

④ 选中"任职情况"复选框,单击"下一步"按钮,打开"业务处理人员范围设置"对话框,如图 3-10 所示。

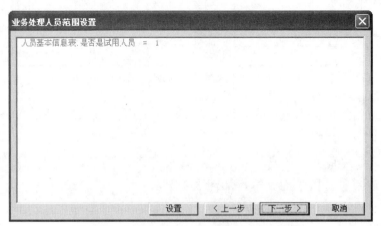

图 3-10 "业务处理人员范围设置"对话框

⑤ 单击"下一步"按钮，打开"设置业务处理规则"对话框，如图3-11所示。

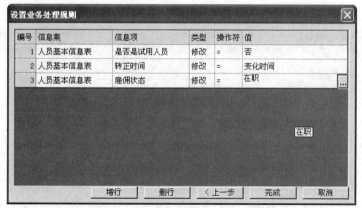

图3-11 "设置业务处理规则"对话框

⑥ 双击"在职人员"栏，单击 ... 按钮，打开"业务规则值设置"对话框，如图3-12所示。

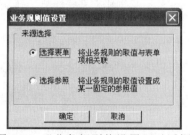

图3-12 "业务规则值设置"对话框

⑦ 单击"选择表单"单选按钮，单击"确定"按钮，打开"选择表单值"对话框，如图3-13所示。

图3-13 "选择表单值"对话框

⑧ 双击"变化后人员类别",打开"设置业务处理规则"对话框,单击"完成"按钮,再单击"确定"按钮,如图3-14所示。

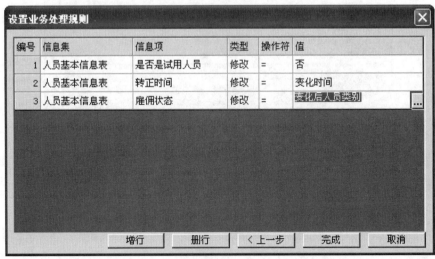

图3-14 "设置业务处理规则"对话框

⑨ 单击"完成"按钮。
⑩ 同理,依次输入其他人事业务定制信息。

3.1.4 单据模板

单据模板主要是为了实现与单据有关的信息集中的信息项的增加、修改、删除,并使之反映到单据上。

3.1.5 规则设置

以工资基础情况表为例,单据模板设置的具体信息如表3-4所示。

表3-4 单据模板设置的具体信息

层	对象	名称	规则内容	提示信息	执行模式	启用
数据字典	工资基本情况表	基础工资校验	工资基本情况表.基础工资>=800	基础工资大于等于800元	立即模式	是

操作步骤:

① 在"业务工作"选项卡中,执行"人力资源"|"HR基础设置"|"系统设置"|"规则设置"命令,进入"规则设置"窗口。

② 单击校验规划"数据字典"前的"+"标记，单击"工资基本情况表"，单击"增加"按钮，打开"规则设置"对话框。

③ 输入名称"基础工资校验"，提示信息"基础工资大于等于800元"，选中"启用"复选框，单击"定义规则"按钮，如图3-15所示。

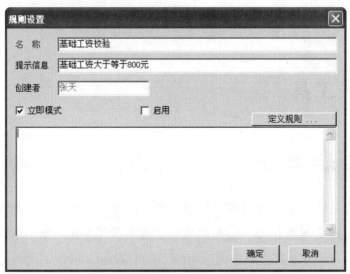

图3-15 "规则设置"对话框

④ 在"内容"栏输入公式"工资基本情况表.基本工资>=800"，单击"验证"按钮，如图3-16所示，再单击"确定"按钮，结果显示如图3-17所示。

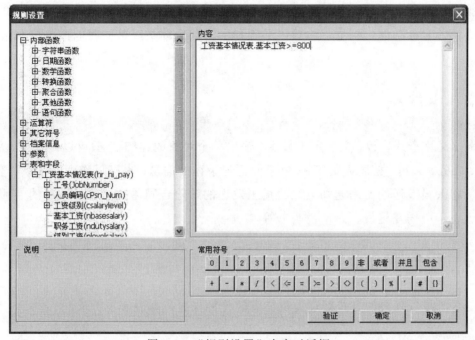

图3-16 "规则设置"内容对话框

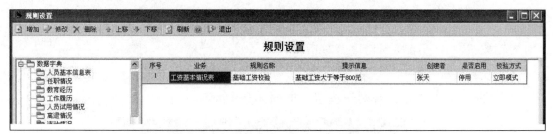

图 3-17 "规则设置"结果显示对话框

3.2 报表工具

3.2.1 固定统计表

固定统计表是统计整个组织或某个部门的汇总数据，如统计人数和人员结构、工资总额等，统计结果可以存档。常见的统计表有人员基本情况表、分类别人员结构统计表、培训成绩分析表等。

3.2.2 动态报表

对复杂的花名册(含统计/计算列的花名册)、台账、自动扩展行的统计报表可以用动态报表工具设计格式和条件。动态报表可以输出多个同类对象的详细信息，并支持分组小计、合计功能，例如，生成财务部和生产部全体员工某一时间段的出勤情况统计表。

3.2.3 卡片

卡片又称卡片模板，主要用于显示、输出单个对象的详细信息(可以是单位、部门、岗位、职务、人员、应聘人员等)或单个业务记录详细信息，也可以作为通知模板使用，如给应聘人员发送的录用通知书、给员工发送的解除合同通知书等。常见的卡片有人员登记表、应聘登记表、岗位说明书等。

3.2.4 花名册

花名册是以列表的方式展现人员信息的一种报表，如表 3-5 所示。

表 3-5 花名册报表信息

花名册名称	主体数据类别	适用产品	待选指标集	排序指标
应聘人员登记表	应聘人员	招聘管理	应聘登记单基本信息(待选指标全部选到已选指标)	全部为升序排列

操作步骤：

① 在"业务工作"选项卡中，执行"人力资源"|"HR 基础设置"|"报表工具"|"花名册"命令，进入"花名册"窗口。

② 单击"增加"按钮，打开"花名册定义"对话框，如图 3-18 所示，输入花名册名称"应聘人员登记表"，单击"主体数据类别"下拉列表框，选中"5-应聘人员"，单击"适用产品"栏右侧的 按钮，选中"招聘管理"复选框，单击"下一步"按钮。

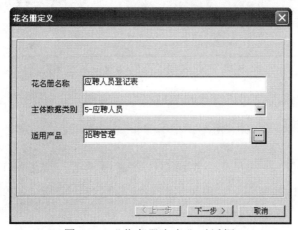

图 3-18 "花名册定义"对话框

③ 单击 按钮，将待选指标项全部选到已选指标项，单击"下一步"按钮，如图 3-19 所示。

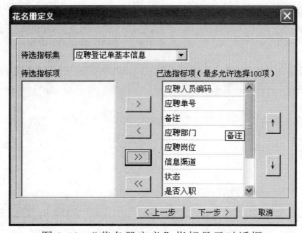

图 3-19 "花名册定义"指标显示对话框

④ 单击"下一步"按钮。

⑤ 单击 >> 按钮，全部选中"排序指标"，单击 ^ 按钮，将所有排序指标设为升序排列，单击"完成"按钮，结果显示如图3-20所示。

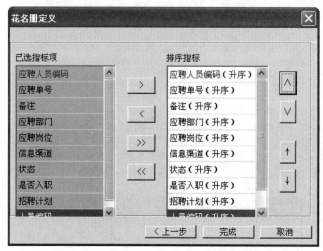

图3-20 "花名册定义"结果显示对话框

3.2.5 综合分析

综合分析主要基于在职员工、解聘员工、离退员工、调离员工、其他员工的个人信息、工作信息、子集信息，实现灵活的员工信息统计分析，提供统计数据及多种统计分析图，如部门、性别分布情况分析。

操作步骤：

① 登录U8企业应用平台——烟台川林有限公司，执行"业务工作"|"人力资源"|"HR基础设置"|"报表工具"|"综合分析"命令，进入"综合分析"窗口，如图3-21所示。

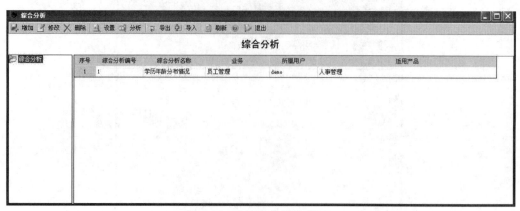

图3-21 "综合分析"窗口

② 单击"增加"按钮，弹出"综合分析定义"对话框，输入综合分析名称"部门性别分布情况表"，并且依次对全表、行条件和列条件进行定义，如图 3-22 所示。

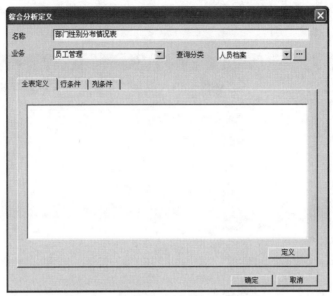

图 3-22 "综合分析定义"对话框

③ 单击"全表定义"选项框下的"定义"按钮，弹出"查询定义"对话框，输入内容，定义左表达式为"人员编码"，比较符为"非空"，单击"确定"按钮，如图 3-23 所示。

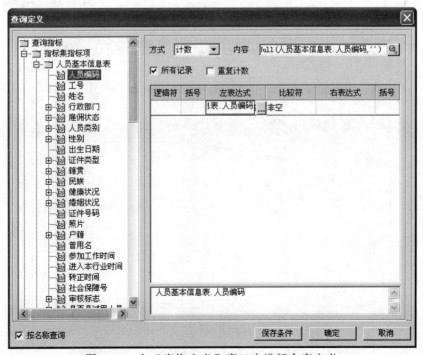

图 3-23 在"查询定义"窗口中进行全表定义

④ 单击"行条件"选项框下的"定义"按钮，弹出"综合分析定义"对话框，单击"增加"按钮，弹出"查询定义"对话框，输入条件名称为"总裁办"，定义左表达式为"行政部门"，比较符为"等于"，右表达式为"总裁办"，单击"确定"按钮，如图3-24所示。

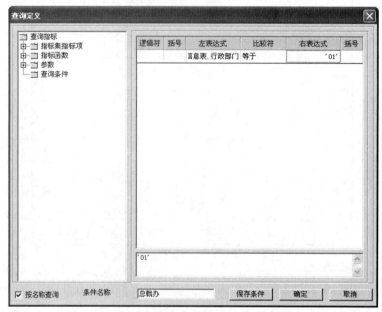

图3-24 在"查询定义"窗口中进行条件定义

⑤ 按照同样的方法依次输入"财务部"和"人事部"等行条件，结果如图3-25所示。

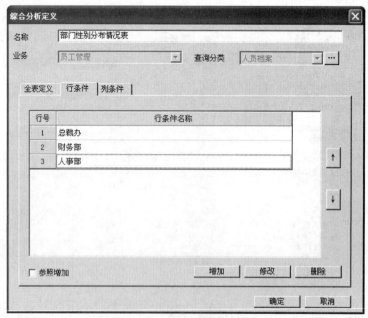

图3-25 行条件定义完成后的"综合分析定义"窗口

⑥ 按照同样的方法分别输入列条件为"男"和"女",结果如图 3-26 所示。

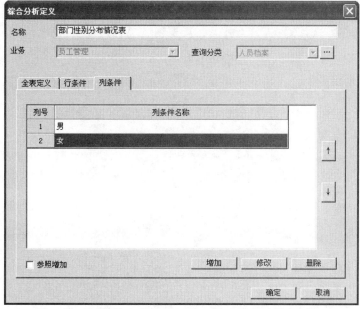

图 3-26 列条件定义完成后的"综合分析定义"窗口

⑦ 在"综合分析"窗口中选中"部门性别分布情况表",单击"分析"按钮,即可弹出"综合分析结果"窗口,如图 3-27 所示。

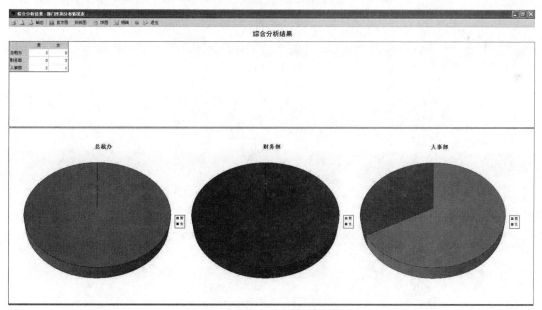

图 3-27 "综合分析结果"窗口

第 4 章

人事管理

▰ 人事管理基本功能

通过本实验使学生掌握在 U8-HR 系统中对员工报到及人员变动业务的处理，包括转正业务、调配业务(晋升、降职、平调等)、离职业务(离休、退休、辞职、退职等)，完成对员工动态信息的维护。掌握如何设置申请单中的显示项目，如何配置员工变动审批流程，如何进行调配离职统计分析，以及员工变动业务处理之后对人员工作信息、任职信息、离职信息的影响。

- 组织机构
    - 单位、部门、职务、岗位管理
    - 继任人计划
    - 编制管理
- 人员管理
    - 人员档案
    - 人员报到管理
    - 人员变动处理

▰ 人事管理理论基础

组织机构是指组织发展、完善到一定程度，在其内部形成的结构严密、相对独立，并彼此传递或转换能量、物质和信息的系统。

- 组织机构的构成

组织机构一般采取自上而下纵向管理关系的职能型组织机构，按照职能划分成不同的部门。各部门各司其职、分工协作，最终达成组织目标。在大型制造业当中，事业部型组织机构应用也非常广泛，这种组织形式是按照地区、市场、产品或顾客的相近性等属性，划分成独立责任的部门并划分成多个事业部。各个事业部之间独立经营、独立核算，并具有一定的自主权。各事业部的负责人对本事业部的生产、销售、管理、业绩等负责。总经理对事业部下达任务目标或绩效指标，保留对事业部的财务控制权、人事任免权及其他职能相关的监督和控制权。

- 岗位管理与编制管理

岗位管理以组织中的岗位为对象，首要的工作是岗位设置，它是设置岗位并赋予各个岗位特定功能的过程。岗位设置需以管理科学的原理、所在行业和企业本身的特点、生产流程的特点及职能部门的职能为依据，它体现企业的经营管理理念和整体管理水平，反映企业或部门机构的人员素质和生产技术水平等。岗位管理围绕岗位设置，还包括岗位分析、岗位描述、岗位监控和岗位评估等一系列活动的管理过程。

编制管理是指以较为刚性的制度甚至法令的形式对有关组织的机构设置、组织形式、人员定额、职务配备等方面进行规定和控制的活动。狭义的编制仅指对有关组织中人员配置和数额的规定。编制工作是人事管理工作的重要组成部分。任命、配备人员等重要人事管理决策需在核定的人员编制内进行，工资总额的确定也以人员编制为依据。

- 继任人计划

继任人计划是指在领导梯队中培养各级高绩效人员，以保证每个领导层级在现在和将来都拥有足够的高绩效者，从而确保公司稳定发展。继任人计划需要各个层级上都有足够的领导候选者，并且有一套自下而上层层选拔的有序方法，特别是制定继任人选储备清晰、详细、明确的标准，在此基础上进行继任和培训计划。

▶ 人事管理操作实务

具体实验操作方法与步骤详见以下各节所述。

4.1 组织机构

4.1.1 单位管理

维护单位信息，主要包括单位基础情况、单位机构情况、单位教育培训情况、单位审计记录、年度编制计划等。单位基础信息中与账套信息重复的部分内容在系统管理的账套信息模块维护。

4.1.2 部门管理

在人事管理——部门档案中只能执行浏览操作不能执行修改操作。修改、删除、撤销部门档案只能在"设置"|"基础档案"|"机构人员"|"部门档案"中操作。若要在人事档案中对其进行修改维护，只能在"编制管理"中修改信息。

4.1.3 职务管理

职务管理实现对公司职务体系的管理，提供新建、修改、删除、撤销职务，编辑职务的工作目标、职责、权限、任职资格等，输出职务一览表功能。

职务删除与撤销的区别如下。

(1) 职务删除：指在录入一错误职务信息后，删除此记录，同时删除职务其他子集有关该职务的所有信息。

(2) 职务撤销：指此职务在设置以后，已经不再使用，但需要保留岗位参考信息。

4.1.4 岗位管理

修改岗位子集信息，如表4-1所示。

表4-1 岗位子集信息

岗位子集	任职资格名称	任职资格描述	任职资格筛选条件描述
岗位任职资格	财务部经理	从事财务部管理工作	人员基本信息表.部门 = '财务部' AND 人员基本信息表.人员类别 = '合同制员工'

操作步骤：

① 执行"开始"|"程序"|"用友 ERP-U8"|"企业应用平台"命令，打开"登录"对话框。

② 录入操作员"hrm"(或张天)，密码"123"，单击"账套"栏的下三角按钮，选择"[001]烟台川林有限公司"。

③ 单击"确定"按钮，进入"企业应用平台"窗口。

④ 在"业务工作"选项卡中，执行"人力资源"|"人事管理"|"组织机构"|"岗位管理"命令，进入"岗位管理"窗口。

⑤ 选中"岗位列表"中的"财务部经理",单击"修改"按钮。单击"岗位子集"下拉列表框,选中"岗位任职资格",单击"增行"按钮,输入任职资格名称"财务部经理"和任职资格描述"从事财务部管理工作",如图4-1所示。

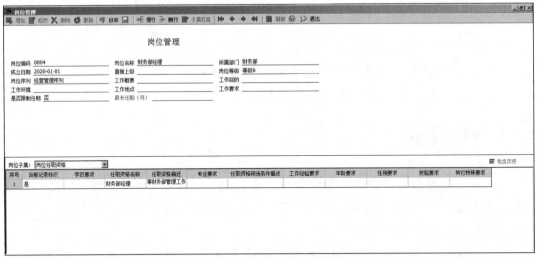

图4-1 "岗位管理"窗口

⑥ 任职资格筛选条件描述输入:单击 按钮,打开"查询定义"对话框,左表达式在指标集指标项中选择,右表达式的输入先单击 按钮,弹出"查询表达式"对话框。在"档案信息"栏中双击所需信息项,如图4-2和图4-3所示。

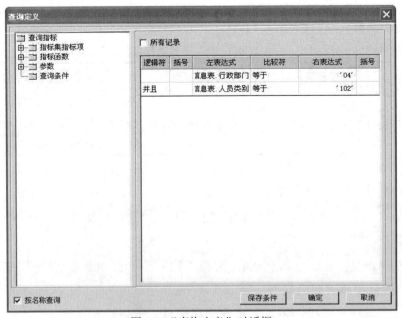

图4-2 "查询定义"对话框

公式输入完要单击"验证"按钮,弹出操作提示对话框,再单击"确定"按钮。

图 4-3 "查询表达式"对话框

4.1.5 继任人计划

需要增加的继任人计划信息如表 4-2 所示。

表 4-2 继任人计划信息

增加关键岗位	增加岗位继任人选	
	晋升可能	紧急任职
财务部经理	可以晋升	否

操作步骤：

① 在"业务工作"选项卡中，执行"人力资源"|"人事管理"|"组织机构"|"继任人计划"命令，打开"继任人计划"对话框，如图 4-4 所示。

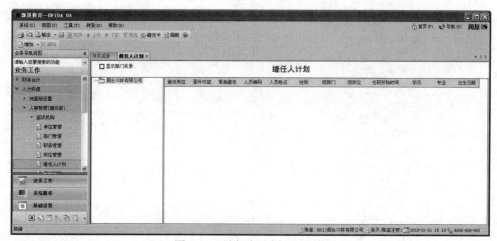

图 4-4 "继任人计划"对话框

② 单击“增加”栏的下三角按钮，选择“增加关键岗位”，进入“参照”窗口，如图 4-5 所示。

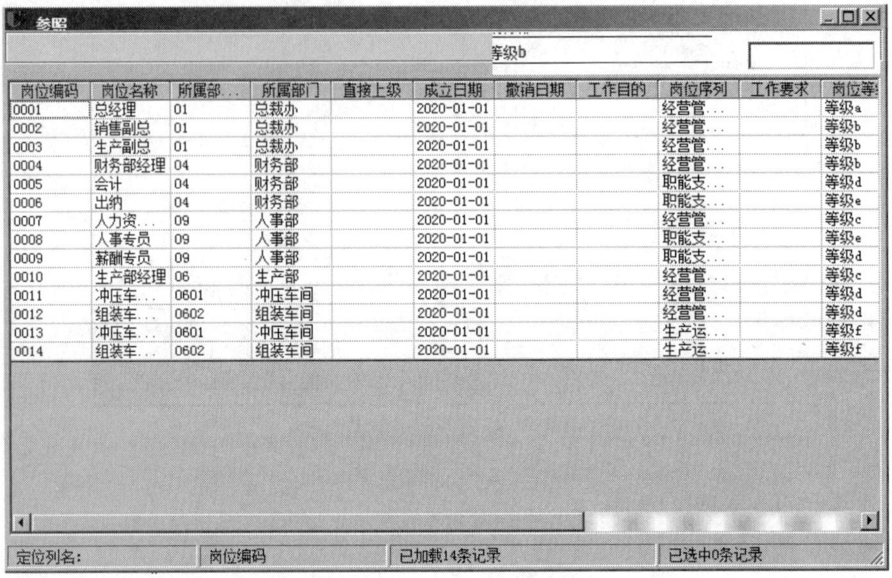

岗位编码	岗位名称	所属部...	所属部门	直接上级	成立日期	撤销日期	工作目的	岗位序列	工作要求	岗位等
0001	总经理	01	总裁办		2020-01-01			经营管...		等级a
0002	销售副总	01	总裁办		2020-01-01			经营管...		等级b
0003	生产副总	01	总裁办		2020-01-01			经营管...		等级b
0004	财务部经理	04	财务部		2020-01-01			经营管...		等级b
0005	会计	04	财务部		2020-01-01			职能支...		等级d
0006	出纳	04	财务部		2020-01-01			职能支...		等级e
0007	人力资...	09	人事部		2020-01-01			经营管...		等级c
0008	人事专员	09	人事部		2020-01-01			职能支...		等级e
0009	薪酬专员	09	人事部		2020-01-01			职能支...		等级d
0010	生产部经理	06	生产部		2020-01-01			经营管...		等级c
0011	冲压车...	0601	冲压车间		2020-01-01			经营管...		等级d
0012	组装车...	0602	组装车间		2020-01-01			经营管...		等级d
0013	冲压车...	0601	冲压车间		2020-01-01			生产运...		等级f
0014	组装车...	0602	组装车间		2020-01-01			生产运...		等级f

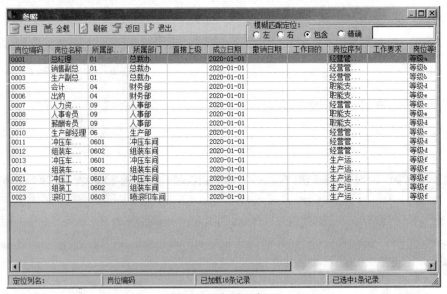

图 4-5　选择“增加关键岗位”

③ 双击“财务部经理”，单击“筛选”按钮，结果如图 4-6 所示。

岗位编码	岗位名称	所属部...	所属部门	直接上级	成立日期	撤销日期	工作目的	岗位序列	工作要求	岗位等
0001	总经理	01	总裁办		2020-01-01			经营管...		等级a
0002	销售副总	01	总裁办		2020-01-01			经营管...		等级b
0003	生产副总	01	总裁办		2020-01-01			经营管...		等级b
0005	会计	04	财务部		2020-01-01			职能支...		等级d
0006	出纳	04	财务部		2020-01-01			职能支...		等级e
0007	人力资...	09	人事部		2020-01-01			经营管...		等级c
0008	人事专员	09	人事部		2020-01-01			职能支...		等级e
0009	薪酬专员	09	人事部		2020-01-01			职能支...		等级d
0010	生产部经理	06	生产部		2020-01-01			经营管...		等级c
0011	冲压车...	0601	冲压车间		2020-01-01			经营管...		等级d
0012	组装车...	0602	组装车间		2020-01-01			经营管...		等级d
0013	冲压车...	0601	冲压车间		2020-01-01			生产运...		等级f
0014	组装车...	0602	组装车间		2020-01-01			生产运...		等级f
0021	冲压工	0601	冲压车间		2020-01-01			生产运...		等级f
0022	组装工	0602	组装车间		2020-01-01			生产运...		等级f
0023	滚印工	0603	喷滚印车间		2020-01-01			生产运...		等级f

图 4-6　“参照”窗口

④ 单击“是”按钮，任务完成，结果显示如图 4-7 所示。

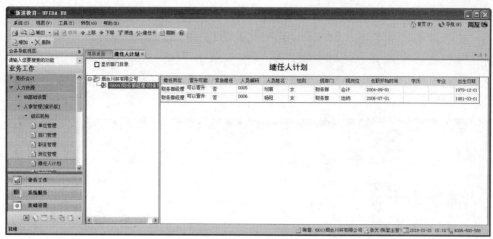

图 4-7 "继任人计划"结果显示对话框

4.1.6 编制管理

制定和管理单位、部门、岗位的编制情况，根据编制数据计算部门和岗位的超缺编信息，进行编制分析。单位编制、部门编制、岗位编制只能在编制管理模块进行管理和维护，在单位管理、部门管理、岗位管理等模块中只能浏览，不能修改。要编制的数据信息如表 4-3 所示。

表 4-3 编制数据信息

编制管理部门	年度	编制数量	批准编制时间
烟台川林有限公司	2020	300	2020-01-01
总裁办	2020	10	2020-01-01
财务部	2020	10	2020-01-01
会计	2020	2	2020-01-01
出纳	2020	1	2020-01-01
人事部	2020	10	2020-01-01
采购部	2020	10	2020-01-01
技术部	2020	10	2020-01-01
销售部	2020	20	2020-01-01
生产部	2020	200	2020-01-01
冲压车间	2020	60	2020-01-01
组装车间	2020	70	2020-01-01
喷滚印车间	2020	70	2020-01-01
仓管部	2020	10	2020-01-01
质管部	2020	10	2020-01-01

操作步骤：

① 在"业务工作"选项卡中，执行"人力资源"|"人事管理"|"组织机构"|"编制管理"命令，打开"编制管理"对话框，单击"增加"按钮，弹出"人事管理"对话框，单击"是"按钮，单击"修改"按钮，输入相关信息，任务完成，如图 4-8 所示。

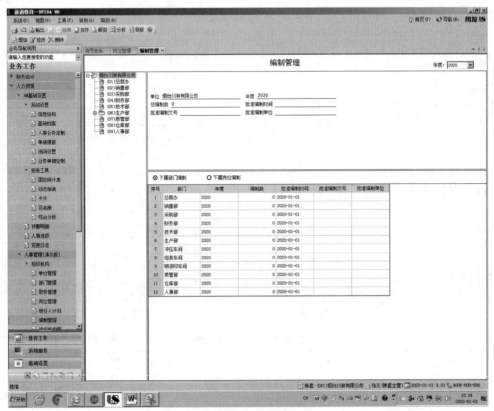

图 4-8 "编制管理"对话框

② 单击"分析"按钮，系统自动弹出"任职情况分析"对话框，如图 4-9 所示。

图 4-9 "任职情况分析"对话框

4.2 人员管理

4.2.1 人员档案

人员档案模块的主要功能是录入和维护人员的基础信息和各种子集信息，在人员档案模块中可以对人员档案信息进行增加、修改、删除、审核、弃审等操作，可以对显示的栏目进行设置，可以对人员信息进行过滤和定位，可以查询并输出人员信息的列表文件、信息卡片和人员花名册。

4.2.2 入职管理

需要增加的入职人员信息如表 4-4 和表 4-5 所示。

表 4-4 入职人员基本信息

人员编码	姓名	到职日期	报到部门	人员类别	性别
0015	高原	2020-01-01	采购部	合同制人员	女

表 4-5 入职人员信息——技术工人职业资格

技术工人职业资格名称	资格等级	获得时间
计算机系统软件维护工	三级	2008-02-01

1. 没有经过招聘管理程序入职的人员

操作步骤：

① 在"业务工作"选项卡中，执行"人力资源"|"人事管理"|"人员管理"|"入职管理"命令，进入"入职管理"窗口，如图 4-10 所示。

② 单击"增加"按钮，按照实验资料输入入职人员信息，单击"人员子集"按钮，单击"人员子集"下拉列表框，选中"技术工人职业资格"。

③ 单击"增行"按钮，按照实验资料输入信息，如图 4-11 所示。任务完成，结果显示如图 4-12 所示。

2. 经过招聘管理程序入职的人员

操作步骤：

① 在"业务工作"选项卡中，执行"人力资源"|"人事管理"|"人员管理"|"入职管理"命令，进入"入职管理"对话框，如图 4-13 所示。

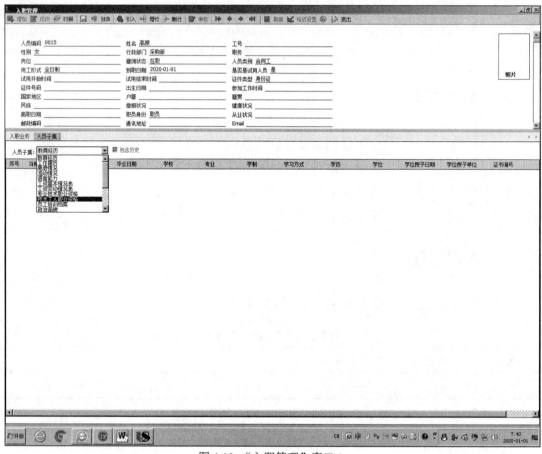

图 4-10 "入职管理"窗口 1

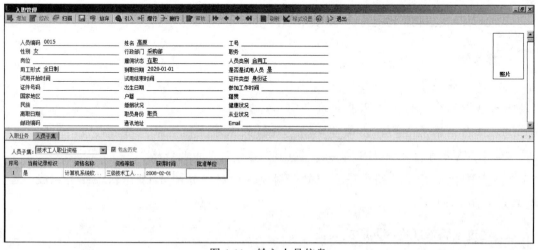

图 4-11 输入人员信息

② 单击"增加"按钮。

③ 单击"引入"按钮,弹出"参照"对话框,如图 4-14 所示。选中需入职人员,单击"确定"按钮,如图 4-15 所示。

第4章 人事管理

图 4-12 没有经过招聘管理程序入职人员结果显示

图 4-13 "入职管理"对话框

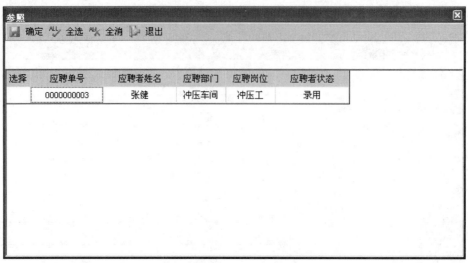

图 4-14 "参照"对话框

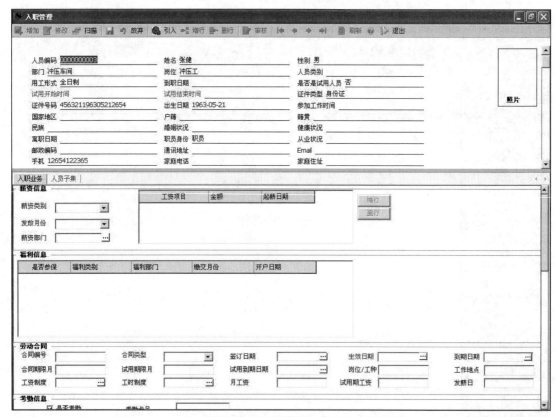

图 4-15 "入职管理"窗口 2

4.2.3 人员变动处理

需要处理的人员变动信息如表 4-6 所示。

表 4-6 人员变动信息

人事变动业务	人员姓名	变化原因	变化后岗位
晋升	王涛	工作需要	冲压车间主任
平调	张华	职位变化	人事专员
离职	田亮	个人原因	

操作步骤：

① 在"业务工作"选项卡中，执行"人力资源"|"人事管理"|"人员管理"|"调配管理"命令，打开"调配管理"对话框，如图 4-16 所示。

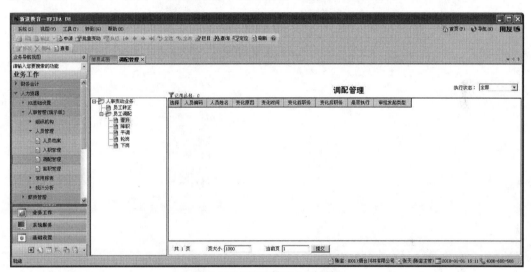

图 4-16 "调配管理"对话框

② 选中"晋升"，单击"申请"按钮，进入"申请单"窗口。

③ 按照实验资料输入人员变动信息，选中"是否保留变动后信息"复选框，单击"保存"按钮，如图 4-17 所示。

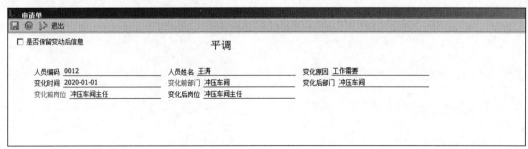

图 4-17 "申请单"窗口

④ 双击"王涛"所在行的"选择"栏，出现"Y"表示选择成功，结果显示如图 4-18 所示。

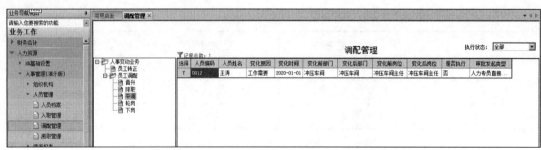

图 4-18 "调配管理"结果显示对话框

⑤ 单击"执行"按钮,系统弹出"人事业务变动执行完成!是否现在进行手工维护?"信息提示对话框,单击"是"按钮。

⑥ 同理,依次输入其他人员的人事业务变动信息。

第 5 章

薪资管理

薪资管理基本功能

通过本实验使学生掌握如何在 U8-HR 系统中对企事业单位的不同薪资体系进行设置，包括：薪资类别、薪资项目、薪资标准表的设置；各种计算方式的设置；整个薪资计算、发放流程；工资分摊、账表的查询等薪资工作的全流程。具体内容如下。

- 薪资标准
- 薪资调整
    - 调资设置
    - 调资处理
    - 调资档案
- 工资类别
- 设置
    - 发放次数管理
    - 人员附加信息设置
    - 工资项目设置
    - 部门设置
    - 人员档案

- 业务处理
  - 工资变动
  - 扣缴所得税
  - 银行代发
  - 工资分摊
  - 月末处理
  - 反结账
  - 统计分析
  - 维护

薪资管理理论基础

薪资管理是指企业制定的合理的工资发放制度及系统，包括不同员工的薪资标准、薪资的明确组成部分、发放薪资的政策、薪资发放办法和原则、对该员工工作评价制度和薪资评价制度等。薪资管理针对不同的企业有不同的模式，薪资管理是企业管理的重要组成部分。

- 薪资类别

常见的薪资种类有基本薪资、津贴、奖金、加班费、业务提成等。

(1) 基本薪资：各职务体系对应的岗位基本薪资，由岗位职务等级工资、学历薪资、技能薪资、工龄工资、特聘薪资组成。岗位职务等级工资是指每一岗位均根据岗位所处级别及岗位固有特点给予固定薪资，同一级别因岗位的工作性质不同及工作复杂程度的不同设置高、中、低三个等级。

(2) 津贴：补偿职工在特殊条件下的劳动消耗及生活费额外支出的工资补充形式，主要有地区津贴、野外作业津贴、夜班津贴、流动施工津贴、冬季取暖津贴、电话津贴、食品补贴、职务津贴等。

(3) 奖金：对劳动者提供的超额劳动所支付的报酬，常见的形式有全勤奖金、绩效奖金、效益奖金等。一般分为综合奖和单项奖两种形式。综合奖是根据劳动者各个方面的贡献全面地综合评定的奖金；单项奖则是根据劳动者某一方面的优良成绩评定的奖金。

(4) 加班费：劳动者按照用人单位生产和工作的需要在规定工作时间之外继续生产劳动或者工作所获得的劳动报酬。按照劳动法第 44 条的规定，支付加班费的具体标准是：在标准工作日内安排劳动者延长工作时间的，支付不低于工资的150%的工资报酬；休息日安排劳动者工作又不能安排补休的，支付不低于工资的200%的工资报酬；法定休假日安排劳动者工作的，支付不低于 300%的工资报酬。

(5) 业务提成：即销售激励，主要影响因素是销售提成基数、提成率、销售目标完成情况等。销售提成基数是指销售提成以什么为基础进行计算。常见的销售提成基数有销售额、利润和毛利润等。销售激励通常与销售目标的完成情况相结合，根据完成销售目标不同，提成比例会有所变化，超额完成任务，一般还有额外的奖励。

- 薪资标准

薪资标准是指按单位时间规定的各薪资等级的薪资数额。它反映了某一薪资等级的员工一定时间的薪资水平的高低。在人力资源管理中制定公平合理的岗位薪资标准是整个人事管理的基础和核心内容。岗位工资的薪资标准指根据管理层次、专业技术程度、劳动强度、工作责任、地区薪资水平等综合因素，针对不同的岗位确定的相应的薪资标准。

- 薪资调整

薪资调整是指公司薪资体系运行一段时间后，随着企业发展战略及人力资源战略的变化，现行的薪资体系可能不适应企业发展的需要时，对企业薪资管理做出的系统的诊断，确定最新的薪资策略，同时对薪资体系做出调整的措施。薪资调整是保持薪资动态平衡、实现组织薪资目标的重要手段，也是薪资管理的日常工作。薪资调整的依据一般为职位变动、个人业绩、个人能力等。调整方式包括薪资整体调整、薪资部分调整及薪资个人调整三个方面。

▶ 薪资管理操作实务

具体实验操作方法与步骤详见以下各节所述。

5.1 薪酬管理相关参数的设置

在薪酬管理模块应用之初首先要进行基本参数的设置(见表5-1)。

表 5-1　薪酬管理参数设置

参数名称	参数值	备注
工资类别个数	多个	
扣税设置	从工资中扣缴所得税	
扣零设置	无扣零	

操作步骤：

① 在"业务工作"选项卡中，执行"人力资源"|"薪资管理"命令，系统弹出"薪资管理"对话框，单击"确定"按钮。

② 系统自动弹出"建立工资套"对话框，单击"多个"单选按钮，单击"下一步"按钮，如图 5-1 所示。

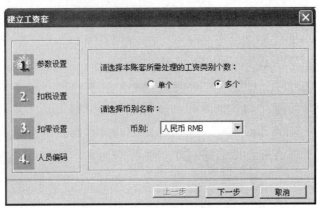

图 5-1 "建立工资套"的参数设置

③ 单击"是否从工资中代扣个人所得税"复选框，单击"下一步"按钮，如图 5-2 所示。

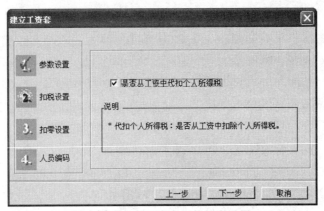

图 5-2 "建立工资套"的扣税设置

④ 选择是否扣零处理，单击"下一步"按钮，如图 5-3 所示。

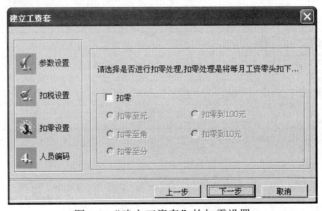

图 5-3 "建立工资套"的扣零设置

⑤ 在弹出的对话框中单击"完成"按钮,如图 5-4 所示。

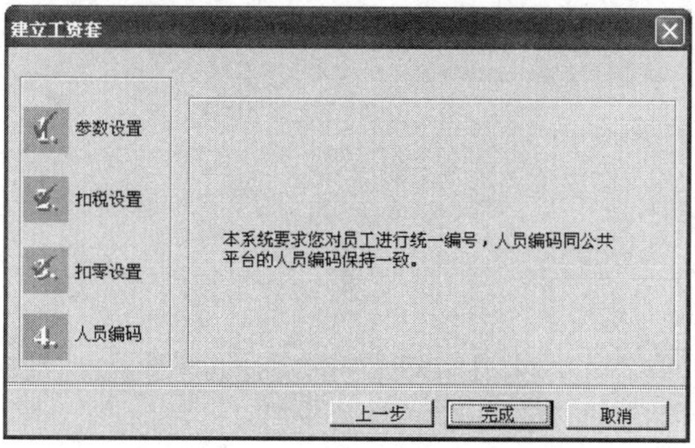

图 5-4 "建立工资套"的人员编码设置

5.2 薪资标准

薪酬标准根据人员类别的不同和工资项目的不同进行设定(见表 5-2),并且根据企业的具体薪酬资料输入薪资管理系统(见表 5-3)。

表 5-2 薪酬标准设置参数

薪资标准表	对应工资项目	薪资标准参照的项目
管理人员工资	职务工资	任职情况表中的职务

表 5-3 薪资标准资料

序号	职务	职务工资
1	总经理	7000
2	副总经理	6500
3	部门经理	6000
4	业务经理	5500
5	财务经理	5000
6	总工程师	4500
7	高级工程师	4000
8	初级工程师	3500
9	车间主任	3000

操作步骤:

① 在"业务工作"选项卡中,执行"人力资源"|"薪资管理"|"薪资标准"命令,打开"薪资标准"对话框,如图 5-5 所示。

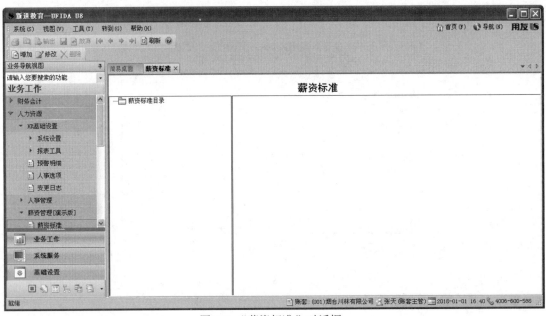

图 5-5 "薪资标准"对话框

② 单击"增加"按钮,系统弹出"增加薪资标准"对话框,单击"薪资标准表"单选按钮,在文本框中输入"管理人员工资",单击"下一步"按钮,如图 5-6 所示。

③ 系统弹出"薪资标准表"对话框,单击打开"对应工资项目"下拉列表,选中"职务工资",在左侧列表中选中"职务"复选框,单击"完成"按钮,如图 5-7 所示。

图 5-6 "增加薪资标准"对话框

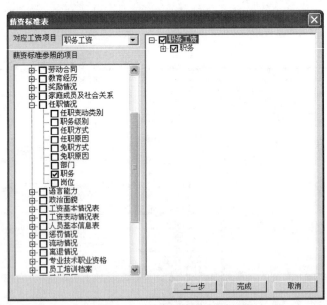

图 5-7 "薪资标准表"对话框

④ 进入"薪资标准"对话框,在"职务工资"栏输入职务工资金额,单击"保存"按钮,任务完成,结果显示如图 5-8 所示。

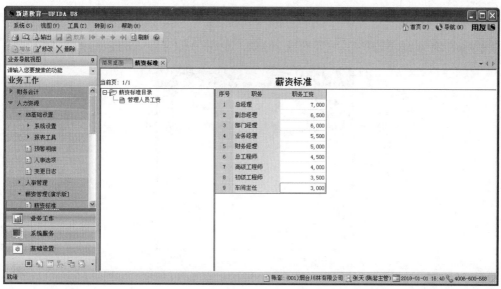

图 5-8 "薪资标准"结果显示对话框

5.3 薪资调整

5.3.1 调资设置

操作步骤：

① 在"业务工作"选项卡中，执行"人力资源"|"薪资管理"|"薪资调整"|"调资设置"命令，打开"调资设置"对话框，如图 5-9 所示。

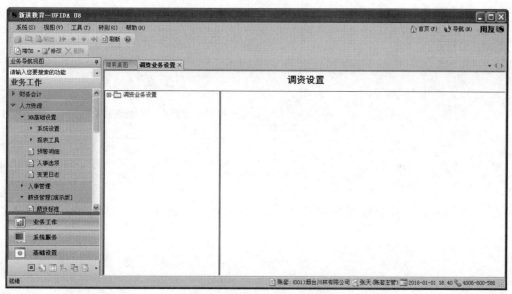

图 5-9 "调资设置"对话框

② 单击"增加"下三角按钮,选择"调资类别",系统弹出"增加"对话框,在"调资类别"文本框中输入"薪资构成调整",单击"确定"按钮,如图 5-10 所示。

图 5-10 "增加"对话框 1

③ 在"调资设置"对话框中选中"薪资构成调整",单击"增加"下三角按钮,选择"调资业务",如图 5-11 所示。

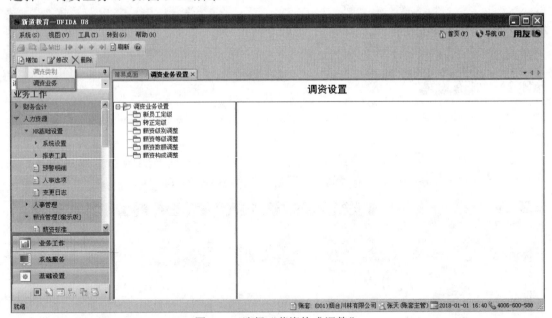

图 5-11 选择"薪资构成调整"

④ 系统弹出"增加"对话框,在"调资业务"文本框中输入"职务工资",单击"下一步"按钮,如图 5-12 所示。

⑤ 系统弹出"修改设置"对话框,选中"薪资标准目录"复选框,如图 5-13 所示。

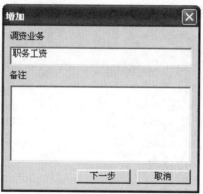

图 5-12 "增加"对话框 2

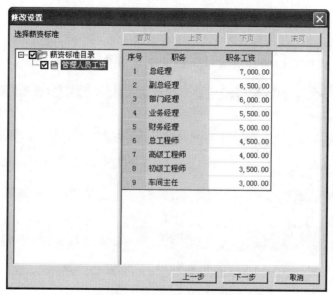

图 5-13 "修改设置"对话框

⑥ 单击"下一步"按钮,如图 5-14 和图 5-15 所示。

图 5-14 设置人员类别

图 5-15 选择人员档案项目

⑦ 单击"完成"按钮,任务完成,结果显示如图 5-16 所示。

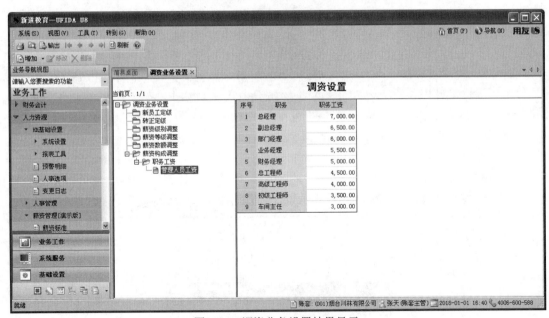

图 5-16 调资业务设置结果显示

5.3.2 调资处理

操作步骤:

① 在"业务工作"选项卡中,执行"人力资源"|"薪资管理"|"薪资调整"|"调资处理"命令,打开"调资处理"对话框,如图 5-17 所示。

② 单击打开"调资业务"下拉列表,选中"职务工资",单击"标准"下三角按钮,选中"选择标准"。

图 5-17 "调资处理"对话框

③ 系统弹出"选择标准"对话框,选中"管理人员工资"复选框,单击"确定"按钮,如图 5-18 所示。

图 5-18 "选择标准"对话框

④ 单击打开"调资业务"下拉列表,选中"职务工资",单击"选人"下三角按钮,选中"类别选人",如图 5-19 所示。

图 5-19 "调资业务"下的"类别选人"

⑤ 在右侧列表中选择"总裁办"所有人员,单击"确定"按钮,如图 5-20 所示。

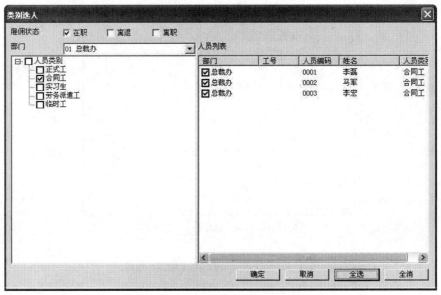

图 5-20 "类别选人"下的人员列表

⑥ 单击"保存"按钮，单击"全选"按钮，再单击"试算"按钮，如图 5-21 所示。

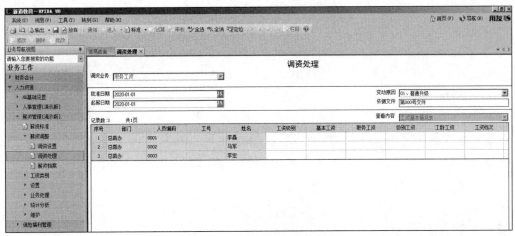

图 5-21 "人员列表"下的计算

⑦ 单击"全选"按钮，再单击"审核"按钮，如图 5-22 所示。

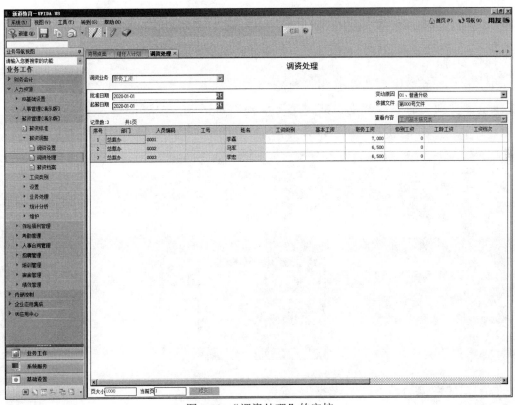

图 5-22 "调资处理"的审核

⑧ 系统弹出"薪资管理"信息提示对话框，如图 5-23 所示，单击"确定"按钮，任务完成。

图 5-23 "薪资管理"信息提示对话框

5.3.3 调资档案

用户可以通过调资业务模块执行调资计算，也可以在本模块浏览/手工维护员工工资数额，并记录员工薪资变动内容，如变动的工资项目、起薪日期、变动原因、变动后工资项目金额、工资项目变动数额等。

5.4 工资类别

5.4.1 新建工资类别

操作步骤：

① 在"业务工作"选项卡中，执行"人力资源"|"薪资管理"|"工资类别"|"新建工资类别"命令，弹出"新建工资类别"对话框，在"请输入工资类别名称"文本框中输入"在职人员"，如图 5-24 所示。

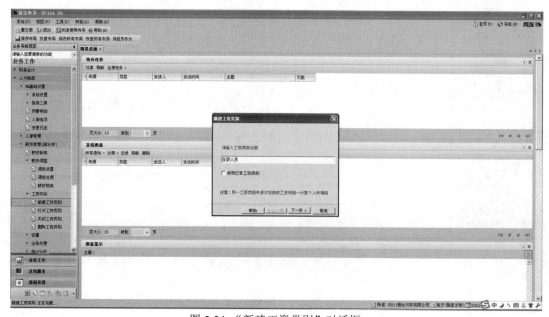

图 5-24 "新建工资类别"对话框

② 单击"下一步"按钮,打开"新建工资类别"对话框,单击"选定全部部门"按钮,再单击"完成"按钮,如图 5-25 所示。

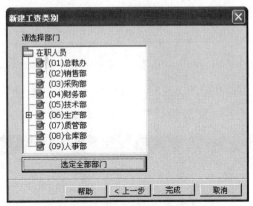

图 5-25 "新建工资类别"对话框

③ 弹出"薪资管理"信息提示框,如图 5-26 所示,单击"是"按钮,任务完成。

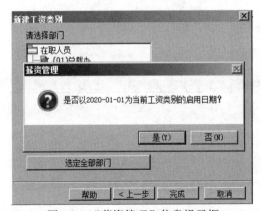

图 5-26 "薪资管理"信息提示框

5.4.2 删除工资类别

删除工资类别时,如果此工资类别已经在人力资源系统中指定了对应关系,则必须先在人力资源系统中删除对应关系,然后才能在工资管理系统中删除此工资类别。

5.5 设置基础信息

5.5.1 发放次数管理

根据工资类别的不同,需要分别进行工资发放次数的设置,如表 5-4 所示。

表5-4 发放次数设置

工资类别	发放次数编号	名称
在职人员	001	实发工资
在职人员	002	奖金

操作步骤：

① 在"业务工作"选项卡中，执行"人力资源"|"薪资管理"|"设置"|"发放次数管理"命令，打开"多次发放管理"对话框，如图5-27所示。

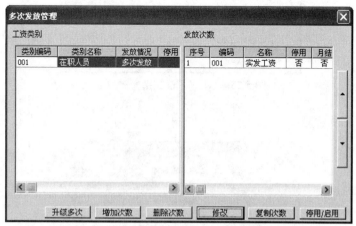

图5-27 "多次发放管理"对话框

② 单击"升级多次"按钮，在文本框中输入"实发工资"，单击"确定"按钮。

③ 单击"增加次数"按钮，在"请输入新的工资类别名称"文本框中输入"奖金"，单击"确定"按钮，如图5-28所示。

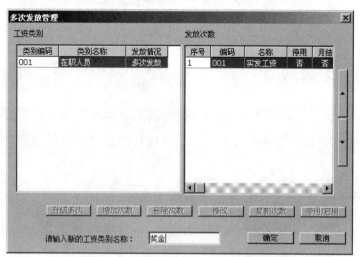

图5-28 "多次发放管理"的增加次数

④ 任务完成，结果显示如图5-29所示。

图 5-29 "多次发放管理"结果显示

5.5.2 人员附加信息设置

操作步骤：

① 在"业务工作"选项卡中，执行"人力资源"|"薪资管理"|"设置"|"人员附加信息设置"命令，弹出"人员附加信息设置"对话框，如图 5-30 所示。

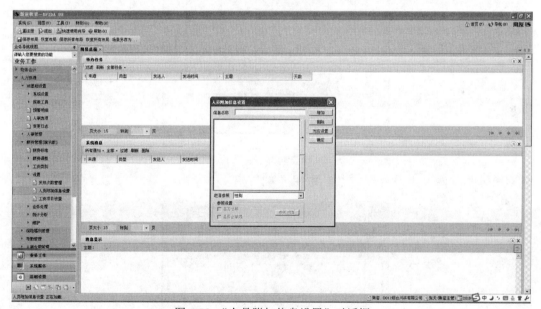

图 5-30 "人员附加信息设置"对话框

② 在"信息名称"文本框中输入"性别"，单击"增加"按钮，选中"是否参照"复选框，单击"参照档案"按钮，如图 5-31 所示。

③ 系统弹出"工资人员附加信息"对话框，在"参照档案"文本框中输入"男"，单击"增加"按钮，再在"参照档案"文本框中输入"女"，单击"增加"按钮，单击"确认"按钮，如图 5-32 所示。

图 5-31 "人员附加信息设置"参照档案

图 5-32 "工资人员附加信息"对话框

④ 同理,输入"婚否"信息,如图 5-33 所示。

图 5-33 "工资人员附加信息"的婚否设置

5.5.3 工资项目设置

1. 工资项目基本设置

进行工资核算之前要对工资项目的参数进行设置，如表 5-5 所示。

表 5-5 工资项目设置参数

项目名称	数据类型	增减属性	长度/小数
岗位工资	数字	增项	8/2
基本工资	数字	增项	8/2
加班费	数字	增项	8/2
月度绩效奖金	数字	增项	8/2
岗位津贴	数字	增项	8/2
缺勤天数	数字	其他	8/2
缺勤扣款	数字	减项	8/2
代扣基础养老	数字	减项	8/2
代扣基础医疗	数字	减项	8/2
代扣失业保险	数字	减项	8/2
代缴公积金	数字	减项	8/2

提示：

在未打开任何工资类别的情况下进行操作。

操作步骤：

① 在"业务工作"选项卡中，执行"人力资源"|"薪资管理"|"设置"|"工资项目设置"命令，打开"工资项目设置"对话框，如图 5-34 所示。

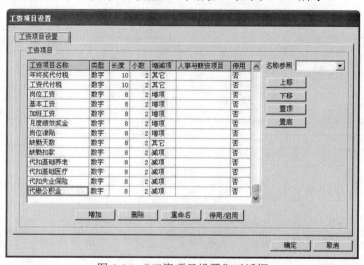

图 5-34 "工资项目设置"对话框

② 单击"增加"按钮，单击打开"名称参照"下拉列表，选择"岗位工资"，双击"增减项"栏，单击下三角按钮，选择"增项"。同理，依次对其他工资项目进行设置，结果如图5-35所示。

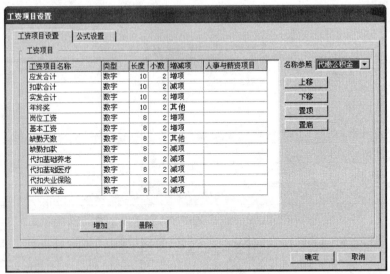

图5-35 工资项目设置结果

2. 公式设置

某些工资项目需要进行公式设置，如考勤扣款(见表5-6)。

表5-6 工资项目公式——考勤扣款

项目名称	数据类型	增减属性	长度/小数	项目公式
岗位工资	数字	增项	8/2	
基本工资	数字	增项	8/2	
缺勤天数	数字	其他	8/2	
考勤扣款	数字	减项	8/2	缺勤天数*50
代扣基础养老	数字	减项	8/2	
代扣基础医疗	数字	减项	8/2	
代扣失业保险	数字	减项	8/2	
代缴公积金	数字	减项	8/2	

操作步骤：

① 在"业务工作"选项卡中，执行"人力资源"|"薪资管理"|"工资类别"命令，选择"在职人员""实发工资"。

② 在"业务工作"选项卡中，执行"人力资源"|"薪资管理"|"设置"|"工资项目设置"命令，打开"工资项目设置"对话框，如图5-36所示。

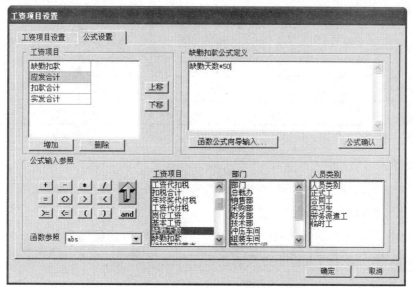

图 5-36 "工资项目设置"对话框

③ 按照实验资料输入工资项目信息。

④ 单击打开"公式设置"选项卡,在文本框中输入公式"缺勤天数*50",单击"公式确认"按钮,再单击"确定"按钮,如图 5-37 所示。

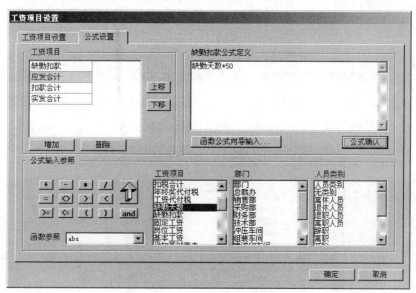

图 5-37 "公式设置"选项卡

3. 奖金设置

奖金的参数设置与实发工资的参数设置类似,如表 5-7 所示。

表 5-7 奖金的参数设置

岗位等级编码	数据类型	增减属性	长度/小数
加班费	数字	增项	8/2
月度绩效奖金	数字	增项	8/2
津贴	数字	增项	8/2

操作步骤：

① 在"业务工作"选项卡中，执行"人力资源"|"薪资管理"|"工资类别"|"打开工资类别"命令，选择"在职人员""奖金"。

② 在"业务工作"选项卡中，执行"人力资源"|"薪资管理"|"设置"|"工资项目设置"命令，打开"工资项目设置"对话框。

③ 按照实验资料输入工资项目信息。

5.5.4 部门设置

本模块是对当前打开工资类别的对应部门进行设置，以便按部门核算各类人员工资，提供部门核算资料。

操作步骤：

① 在"业务工作"选项卡中，执行"人力资源"|"薪资管理"|"工资类别"|"打开工资类别"命令，选中"在职人员""实发工资"，单击"确定"按钮。

② 在"业务工作"选项卡中，执行"人力资源"|"薪资管理"|"设置"|"部门设置"命令，打开"部门设置"对话框，如图 5-38 所示。

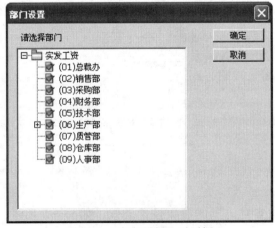

图 5-38 "部门设置"对话框

③ 选中所有部门，单击"确定"按钮。

④ 在"业务工作"选项卡中，执行"人力资源"|"薪资管理"|"工资类别"|"打开工资类别"命令，选中"在职人员""奖金"，单击"确定"按钮。

⑤ 在"业务工作"选项卡中，执行"人力资源"|"薪资管理"|"设置"|"部门设置"命令，打开"部门设置"对话框。

⑥ 选中所有部门，单击"确定"按钮。

5.5.5 人员档案

薪资通过银行发放给员工，需要对工资发放的银行账户进行设置，如表 5-8 所示。

表 5-8 银行参数设置

编号	银行名称	账号长度	备注
001	中国工商银行	19	

修改下列人员银行账户信息，如表 5-9 所示。

表 5-9 人员银行账户信息

人员姓名	银行名称	银行账号	性别	婚否
李磊	中国工商银行	1111111111111111111	男	已婚
马军	中国工商银行	2222222222222222222	男	已婚
李宏	中国工商银行	3333333333333333333	男	已婚
闫晓娟	中国工商银行	4444444444444444444	女	已婚

操作步骤：

① 在"业务工作"选项卡中，执行"人力资源"|"薪资管理"|"工资类别"|"打开工资类别"命令，选中"在职人员""实发工资"，单击"确定"按钮。

② 在"业务工作"选项卡中，执行"人力资源"|"薪资管理"|"设置"|"业务处理"|"银行代发"命令，系统自动弹出"请选择部门范围"对话框，选中所有部门，单击"确定"按钮，进入"银行代发"窗口，系统弹出"银行文件格式设置"对话框，如图 5-39 所示。

③ 单击打开"银行模板"下拉列表，选择"中国工商银行"，在账号的"总长度"栏输入"19"，单击"确定"按钮。

④ 系统自动弹出"薪资管理"信息提示对话框，单击"是"按钮，如图 5-40 所示。

⑤ 在"业务工作"选项卡中，执行"人力资源"|"薪资管理"|"工资类别"|"打开工资类别"命令，选中"在职人员""实发工资"，单击"确定"按钮。

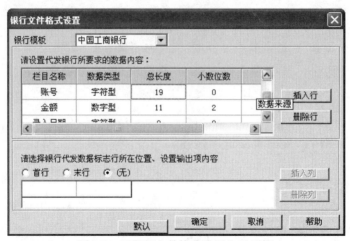

图 5-39 "银行文件格式设置"对话框

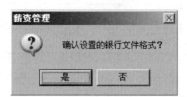

图 5-40 "薪资管理"信息提示对话框

⑥ 在"业务工作"选项卡中,执行"人力资源"|"薪资管理"|"设置"|"人员档案"命令,进入"人员档案"窗口。

⑦ 单击"批增"按钮,打开"人员批量增加"对话框,在左侧列表中选择"合同制员工",单击"确定"按钮,如图 5-41 所示。

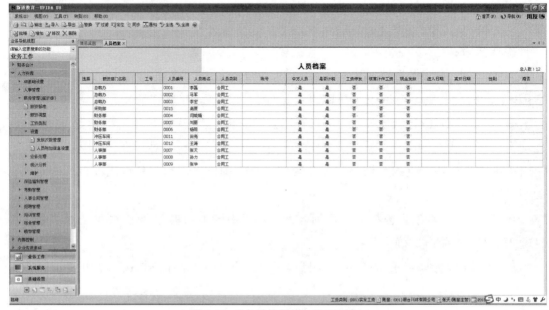

图 5-41 "人员批量增加"对话框

⑧ 选中"李磊",单击"修改"按钮,如图5-42所示。

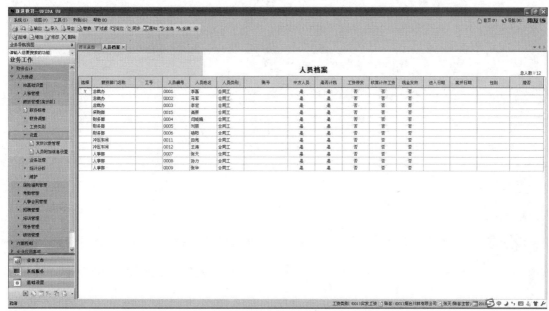

图5-42 修改人员档案

⑨ 系统弹出"人员档案明细"对话框,单击打开"银行名称"下拉列表,选择"中国工商银行",在"银行账号"文本框输入"111111111111111111",单击"确定"按钮,如图5-43所示。

⑩ 系统弹出"薪资管理"信息提示对话框,单击"确定"按钮,如图5-44所示。

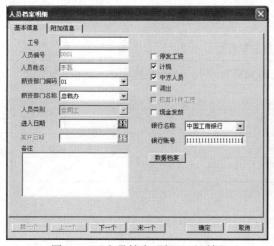

图5-43 "人员档案明细"对话框

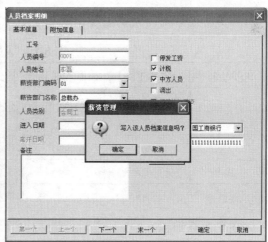

图5-44 "薪资管理"信息提示对话框

⑪ 同理,依次输入其他人员信息,如图5-45所示。

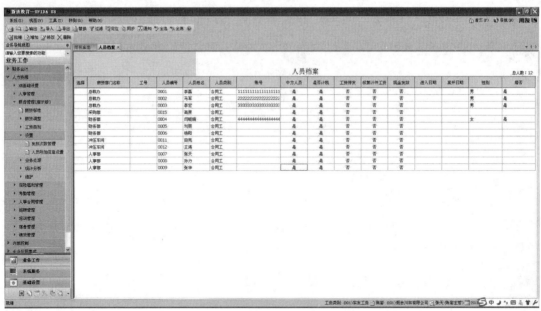

图 5-45 输入人员信息

5.6 业务处理

5.6.1 实发工资变动

需要输入系统的人员工资信息如表 5-10 所示。

表 5-10 人员工资信息

人员姓名	基本工资	岗位工资	缺勤天数	考勤扣款	代扣基础养老
李磊	5000	1000			100
马军	4000	800			100
李宏	4000	800			100
闫晓娟	3000	800	2	100	100

操作步骤：

① 在"业务工作"选项卡中，执行"人力资源"|"薪资管理"|"工资类别"|"打开工资类别"命令。

② 执行"业务工作"|"人力资源"|"薪资管理"|"设置"|"工资项目设置"命令，选中"在职人员""实发工资"，单击"确定"按钮。

③ 在"业务工作"选项卡中，执行"人力资源"|"薪资管理"|"业务处理"|

"工资变动"命令,打开"工资变动"对话框,如图 5-46 所示。

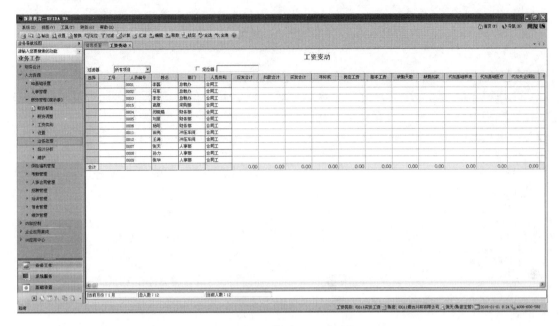

图 5-46 "工资变动"对话框

④ 单击"编辑"按钮,弹出"工资数据录入—页编辑"对话框,按照实验资料输入工资信息,如图 5-47 所示。

图 5-47 "工资数据录入—页编辑"对话框

⑤ 输入完所有人的信息,单击"计算"按钮,如图 5-48 所示。

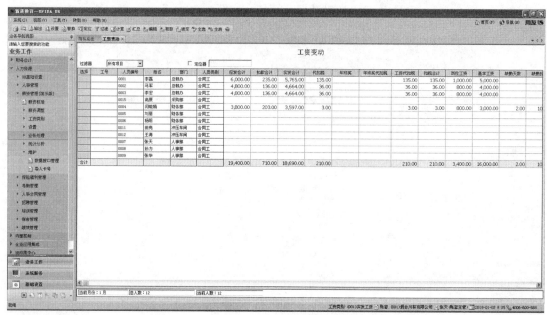

图 5-48 计算工资变动

⑥ 单击"汇总"按钮,结果如图 5-49 所示。

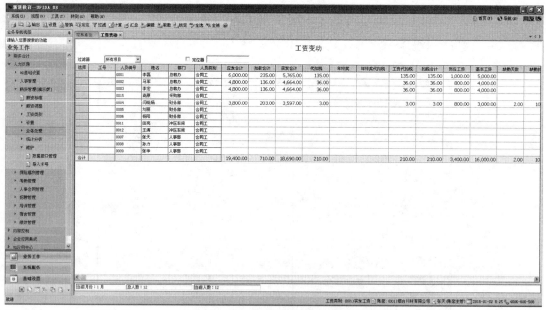

图 5-49 工资变动的汇总

5.6.2 奖金变动

需要输入的人员奖金信息如表 5-11 所示。

表 5-11　人员奖金信息

人员姓名	加班费	月度绩效考核奖金	岗位津贴
李磊	1000	3000	500
马军	500	2000	400
李宏	1000	2000	400
闫晓娟	400	1000	200

操作步骤：

① 在"业务工作"选项卡中，执行"人力资源"|"薪资管理"|"工资类别"|"打开工资类别"命令，选择"在职人员""奖金"，单击"确定"按钮。在"业务工作"选项卡中，执行"人力资源"|"薪资管理"|"设置"|"人员档案"命令，单击"批增"按钮。

② 在"业务工作"选项卡中，执行"人力资源"|"薪资管理"|"业务处理"|"工资变动"命令，打开"工资变动"对话框。

③ 单击"编辑"按钮，打开"工资数据录入—页编辑"对话框，输入工资信息。

④ 输入完所有人信息，单击"计算"按钮。

⑤ 单击"汇总"按钮。

5.7　扣缴所得税

操作步骤：

① 在"业务工作"选项卡中，执行"人力资源"|"薪资管理"|"业务处理"|"扣缴所得税"命令，打开"个人所得税申报模板"对话框，如图 5-50 所示。

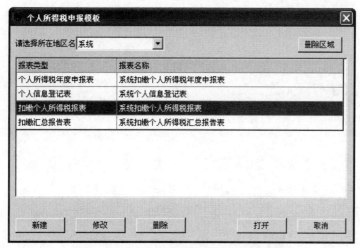

图 5-50　"个人所得税申报模板"对话框

② 选中"扣缴个人所得税报表",单击"打开"按钮。

③ 系统自动弹出"所得税申报"对话框,单击"确定"按钮,如图 5-51 所示。

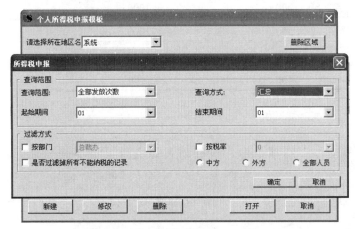

图 5-51 "所得税申报"对话框

④ 打开"个人所得税申报表—税率表"对话框,单击"税率"按钮,设置税率"基数""附加费用",单击"确定"按钮,如图 5-52 所示。

图 5-52 "个人所得税申报表——税率表"对话框

5.8 统计分析

操作步骤:

① 在"业务工作"选项卡中,执行"人力资源"|"薪资管理"|"统计分析"|"账表"|"工资表"命令,打开"工资表"对话框,如图 5-53 所示。

② 选中"部门工资汇总表",单击"查看"按钮。

③ 打开"部门工资汇总表"对话框,选中"总裁办",如图 5-54 所示。

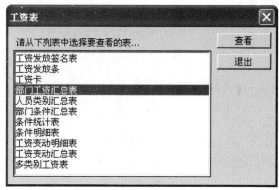
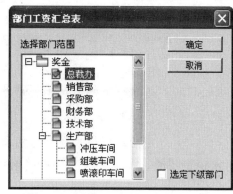

图 5-53 "工资表"对话框　　　　　　　图 5-54 "部门工资汇总表"对话框

④ 单击"确定"按钮，选择部门范围如图 5-55 所示。

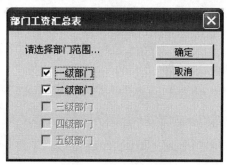

图 5-55 选择部门范围

⑤ 单击"确定"按钮，"部门工资汇总表"结果显示如图 5-56 所示。

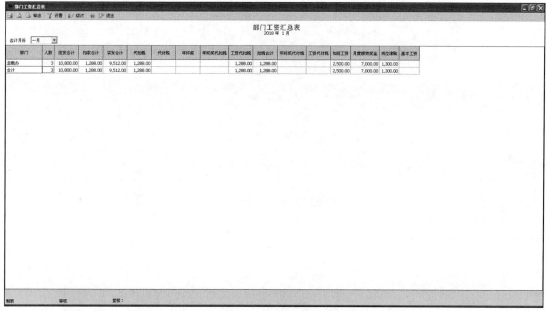

图 5-56 "部门工资汇总表"结果显示

5.9 维护

(1) 当账套为多工资类别时，可利用人员调动功能，实现人员在不同工资类别之间的转换。

(2) 两个或多个工资类别中人员结构相同的工资数据进行人员信息的复制。

(3) 用数据接口管理工具可有效地将相关数据从外部系统中导入工资管理系统中，例如，在水电、房租系统、考勤系统、人事系统及其他与工资管理有关的系统中，将水电费扣缴、房租扣缴、考勤时数等数据导入工资系统的对应工资项目。

第 6 章

保险福利管理

▌ 保险福利管理基本功能

通过本实验使学生掌握在U8-HR系统中对社保五险一金的设置,包括对福利项目、保险基数、福利项目计算关系的设置等;熟悉福利缴交计算、审核、汇缴的流程。

- 基础设置
    - 福利类别设置
    - 福利业务设置
    - 分摊类型设置
- 福利业务
    - 福利档案设置
    - 福利缴交设置
    - 费用分摊设置
    - 凭证查询设置
    - 期末处理设置
- 统计分析

▌ 保险福利管理理论基础

保险福利是以非现金的形式发给岗位角色的一种经济酬偿。其作用在于体现组织作为一个团队大家庭应该有的温暖,以增加员工的向心力。保险福利主要包括为员工办理的各种保险、福利项目，如社会统筹保险、商业补充保险等险种，及各种储蓄性福利、体检、保健等福利事项。保险福利管理一方面要保障员工的合法权利，另一方面要根据企业支付能力设计提高企业凝聚力的福利项目。

- 法定福利

法定福利也称基本福利，是指按照国家法律法规和政策规定必须发生的福利项目，其特点是只要企业建立并存在，就有义务、有责任且必须按照国家统一规定的福利项目和支付标准支付，不受企业所有制性质、经济效益和支付能力的影响。法定福利具有强制性、保障性、互济性、差别性和防范性的特点。法定福利主要包括以下几项。

(1) 社会保险。社会保险包括养老保险、失业保险、医疗保险、工伤保险、生育保险，以及住房公积金。自 2011 年 7 月 1 日《中华人民共和国社会保险法》生效后，用人单位应当为每名与之形成劳动关系的职工缴纳养老、失业、工伤、生育、医疗五项社会保险。用人单位方面，包括企业、机关、事业单位、社会团体、民办非企业单位、基金会、会计师事务所、律师事务所、城镇个体工商户等。职工方面，无论本埠户口、外埠户口、城镇户口、农村户口，均应当参加社会保险。"五险一金"的缴费基数为职工工资，即通常所说的应发工资，原则上是根据职工上一年的月平均工资来核定，具体计算方式一般是按照职工本人上一年 1 月 1 日至 12 月 31 日期间的工资总额除以 12 确定。

(2) 法定节假日。2019 年 8 月 2 日，人社部发布《我国法定年节假日等休假相关标准》，明确休息日、法定节假日、年休假、探亲假、婚丧假五类休假标准。其中，现行法定年节假日标准为 11 天。探亲假未婚职工每年 1 次，假期 20 天；已婚职工每 4 年 1 次，假期 20 天。

- 非法定福利

非法定福利为企业自主设定的福利项目，包括经济性福利与非经济性福利。

(1) 经济性福利。经济性福利包括住房性福利、交通性福利、饮食性福利、教育培训性福利、医疗保健性福利、带薪休假、文化旅游性福利、金融性福利、其他生活性福利和企业补充保险与商业保险。

(2) 非经济性福利。企业提供的非经济性福利，基本的目的在于全面改善员工的"工作生活质量"。这类福利形式包括咨询性服务、保护性服务、弹性工作时间、员工参与民主化管理等。

▶ 保险福利管理操作实务

具体实验操作方法与步骤详见以下各节所述。

6.1 基础设置

6.1.1 福利类别设置

需要输入的福利类别信息如表 6-1 所示。

表 6-1 需要输入的福利类别信息

福利类别编号	福利类别名称	备注
006	生育保险	

操作步骤：

① 执行"开始"|"程序"|"用友 ERP-U8"|"企业应用平台"命令，打开"登录"对话框。

② 录入操作员"hrm"（或张天），密码"123"，单击"账套"栏的下三角按钮，选择"[001]烟台川林有限公司"。

③ 单击"确定"按钮，进入"企业应用平台"窗口。

④ 在"业务工作"选项卡中，执行"人力资源"|"保险福利管理"|"基础设置"|"福利类别设置"命令，打开"福利类别设置"对话框，如图 6-1 所示。

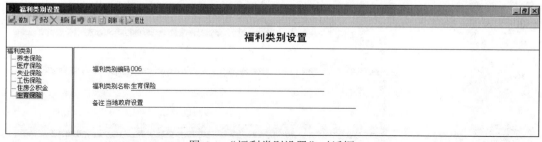

图 6-1 "福利类别设置"对话框

⑤ 单击"增加"按钮，按照实验资料输入福利类别信息，单击"保存"按钮，任务完成。

6.1.2 福利业务设置

需要设置的福利类别信息如表 6-2 所示。

表 6-2 需要设置的福利类别信息

福利类别	基数核定方法	下限	上限
养老保险	上年平均工资	800	4000
医疗保险	上年平均工资	900	4500
失业保险	上年平均工资	800	4000
工伤保险	上年平均工资	800	4000
住房公积金	上年平均工资	1000	5000
生育保险	上年平均工资	500	2500

操作步骤：

① 在"业务工作"选项卡中，执行"人力资源"|"保险福利管理"|"基础设置"|"福利方案设置"命令，打开"福利方案设置"对话框。

② 在"福利方案"下拉列表中选中"社会保险"，如图 6-2 所示，单击"修改"按钮，选择"福利类别项目设置"，在"选择福利类别"下拉框中选中"养老保险"。勾选"基数核定方法"和"缴费基数"，再选中"基数核定方法设置"单击"增行"按钮，照实验资料输入福利方案信息，如图 6-3 所示。

③ 同理，依次设置其他福利业务信息，单击"保存"按钮，如图 6-4 所示。

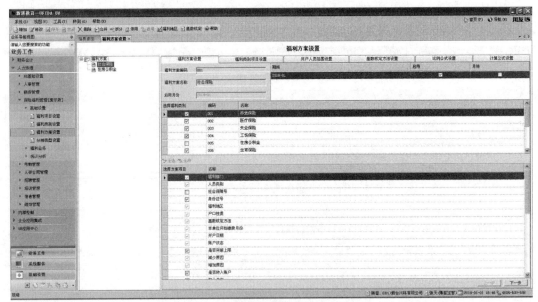

图 6-2 "福利方案设置"对话框

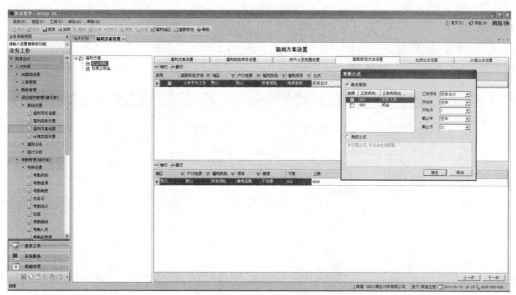

图 6-3　输入福利方案信息

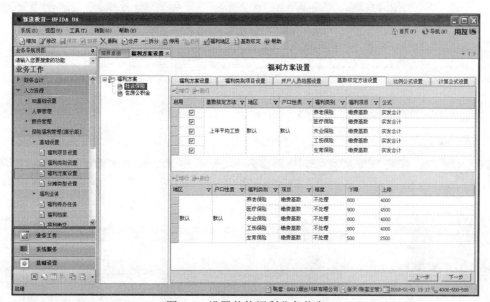

图 6-4　设置其他福利业务信息

6.2　福利业务

6.2.1　福利档案

操作步骤：

① 在"业务工作"选项卡中，执行"人力资源"|"保险福利管理"|"福利业务"

命令，进入"福利档案"窗口。

② 选择福利类别后，对新开户的员工进行开户操作，选中"开户"，单击"全选"按钮，如图6-5所示，单击"完成"按钮。

图6-5 "福利开户"对话框

③ 选中"烟台川林有限公司"并单击"全选"按钮，在"计算"下拉列表中选择"全部"，如图6-6所示。

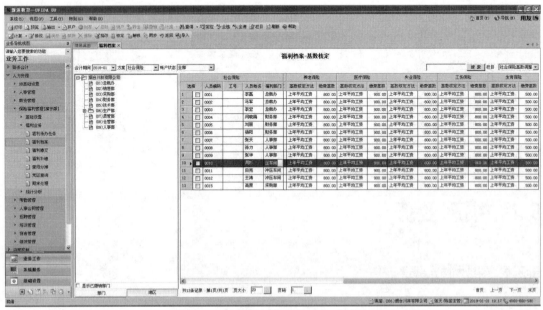

图6-6 "福利档案-基数核定"对话框

6.2.2 福利缴交

操作步骤：

① 在"业务工作"选项卡中，执行"人力资源"|"保险福利管理"|"福利业务"命令，打开"福利缴交"对话框。

② 选择"福利类别"和"缴交类型"，单击"全选"按钮和"计算"按钮，进行缴费金额的计算，如图 6-7 所示。

图 6-7 "福利缴交"对话框

第 7 章

考勤管理

▌ 考勤管理基本功能

通过本实验,使学生掌握在 U8-HR 系统中实现员工考勤管理流程,包括考勤设置、排班管理、刷卡数据、日常业务、报表的统计分析等考勤休假管理的全过程处理。

- 考勤设置
  - ◆ 考勤类别
  - ◆ 考勤选项
  - ◆ 考勤制度
  - ◆ 休息日
  - ◆ 考勤班次
  - ◆ 班组
  - ◆ 考勤期间
  - ◆ 考勤人员
  - ◆ 考勤机管理
  - ◆ 考勤项目
  - ◆ 考勤算法
- 日常业务
  - ◆ 排班管理
  - ◆ 加班登记
  - ◆ 请假登记

- ◆ 出差登记
- ◆ 假期管理
● 数据处理
  - ◆ 刷卡数据
  - ◆ 考勤计算
  - ◆ 异常处理
  - ◆ 月考勤汇总
● 常用报表
  - ◆ 考勤日报
● 统计分析
  - ◆ 固定统计表
  - ◆ 动态报表
  - ◆ 综合分析

考勤管理理论基础

考勤管理是企业管理中最基本的管理，企业规定员工的工作日、上下班时间，请假、加班、出差、外出等制度，考勤管理人员月底需要向主管和财务提供员工的考勤数据，包括迟到、请假、加班、早退、旷工等，以备主管对员工打绩效，财务对员工做工资等条目。目前用得比较多的有指纹考勤机、打卡机及考勤软件等。

● 指纹考勤机

指纹考勤机是员工上下班时只需要在考勤机上按下曾注册过的指纹，就会在考勤机上保留考勤时间记录。它基于指纹识别技术来实现，事先将员工的指纹注册到指纹考勤机中，一人可以注册多枚指纹。当员工按指纹时，指纹考勤机在所注册的指纹库中寻找相似度达到一定标准的指纹号码。指纹考勤机相对于感应卡考勤机的最大好处就是可以避免代打卡，不用购买卡片。经过多年的发展，指纹识别技术已经比较稳定，使用面越来越广。指纹考勤机也有缺点：有少部分人的指纹在指纹机识别效果不佳，经常打不上指纹，所以一般考勤机为此增加了密码考勤，当打不上指纹时，可以输入自己的编号，再输入密码进行考勤，这样漏洞就出来了，员工可以用密码考勤来代考勤。虽然如此，但考勤管理员仍然可以控制，只有确实不能打指纹的人才可以录入密码，而且是用指纹考勤还是密码考勤在考勤系统中都可以查出。

● 打卡机

目前打卡机使用较多的是机械类打卡机、电子类打卡机和刷卡打卡机。机械类打卡机的主要优点是结实、耐用、体积大；缺点是精确度不高，不打卡时有噪声，手动进卡，它适用于大型工厂或人数较多的单位使用。电子类打卡机的主要优点是不打卡时无噪声，体积较小，打卡时可自动吸卡、退卡；缺点是适用的人数较少，一般为 100 人以下使用。刷卡打卡机主要分磁卡、条码卡、IC 卡三类。目前应用最多的是磁卡和条码卡考勤机，主要特点为使用计算机汇总原始数据，最后通过打印机打出报表，查询方式比较方便，但是价位偏高，操作比较麻烦。一般适合人员较多，作息时间比较有规则的单位使用。

- 考勤软件

考勤软件是记录员工考勤数据，并生成相关报表的软件。现在的考勤软件已经不仅仅局限于单一考勤，而是一套集人事、考勤、薪资、门禁为一体的模块化企业管理软件。它能在 Windows 9x/2000/nt 下运行，可设置任意多的班次、上下班的类别、加班类别、请假类别、自动识别读卡人的班次等，排班灵活，有自动排班表编辑功能，解决日班、双班、三班、值班等各种班次的并存要求，多个组合查询任意时间段的各项资料，并可自动统计出上班、加班、考勤、出差等出勤情况，同时可以根据用户自定义自动计算出最终考勤结果和工资情况。

考勤管理操作实务

具体实验操作方法与步骤详见以下各节所述。

7.1 考勤设置

7.1.1 考勤类别

需要增加的考勤类别如表 7-1 所示。

表 7-1 需要增加的考勤类别

考勤类别	班次类别编号	班次类别名称
班次类别	AS00	白班
班次类别	AS01	夜班
请假类别	BS00	事假
请假类别	BS01	病假
请假类别	BS02	调休
请假类别	BS03	欠班
请假类别	BS04	年假

(续表)

考勤类别	班次类别编号	班次类别名称
请假类别	BS05	产假
请假类别	BS06	婚假
请假类别	BS07	探亲假
请假类别	BS08	丧假
请假类别	BS09	工伤假
请假类别	BS10	哺乳假
请假类别	BS11	公假
请假类别	BS12	护理假
加班类别	CS01	工作日加班
加班类别	CS02	休息日加班
加班类别	CS03	节假日加班
出差类别	DS01	本地公出
出差类别	DS02	外地出差

注：考勤类别分为班次类别、请假类别、加班类别和出差类别四个大类，以上为系统预置的考勤类别，不允许删除，修改考勤类别不允许修改编码，系统预置的类别编码四个大类分别以 AS、BS、CS、DS 开头，用户新增的类别以 AU、BU、CU、DU 开头。

操作步骤：

① 登录 U8 企业应用平台——烟台川林有限公司，执行"业务工作"|"人力资源"|"考勤管理"|"考勤设置"|"考勤类别"命令，打开"用友 ERP-U8 考勤类别"对话框，如图 7-1 所示。

图 7-1 "考勤类别"对话框

② 选择具体的类别，单击"增加"按钮，可以增加新的类别。例如，选择"班次类别"选项，单击"增加"按钮，可以增加新的考勤类别。

③ 选择具体的类别，单击"修改"或"删除"按钮，可以修改或删除考勤类别信息。

7.1.2 考勤选项

考勤选项可以根据单位的实际情况，以参数化的方式配置考勤制度，主要包含单位使用的考勤制度、考勤时间、加班规则、加班抵扣、抵当日加班、签卡、出差、考勤计算8个选项卡。

操作步骤：

① 登录 U8 企业应用平台——烟台川林有限公司，执行"业务工作"|"人力资源"|"考勤管理"|"考勤设置"|"考勤选项"命令，打开"考勤选项"对话框，单击"签卡"选项卡，如图7-2所示。

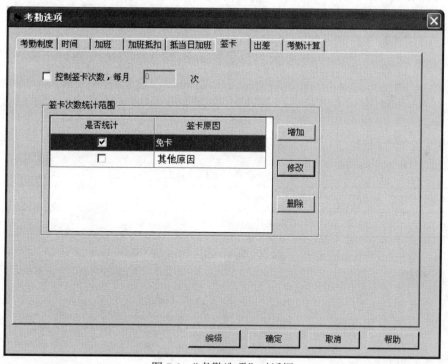

图7-2 "考勤选项"对话框

② 分别选择不同的选项卡选项，在各分选项卡设置各个参数。例如，选择"签卡"选项，单击"编辑"按钮，再单击"增加"按钮，弹出如图7-3所示的对话框，输入签卡原因编码及签卡原因名称等信息，单击"确定"按钮，即增加成功。

③ 同上述操作步骤，单击"修改"或"删除"按钮可以进行参数设置的操作。

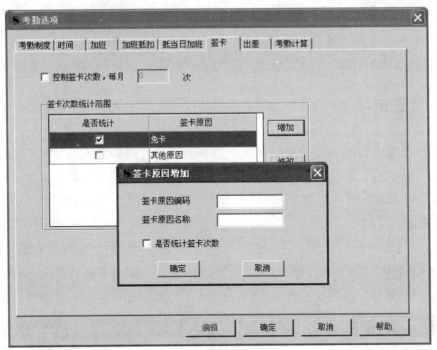

图 7-3 设置签卡参数

7.1.3 考勤制度

需要设置的考勤制度如表 7-2 所示。

表 7-2 需要设置的考勤制度

类别编码	类别名称	工时制度	最小加班时间	班次免卡参数
00	默认	标准工时制	30 分钟	上班免卡

操作步骤：

登录 U8 企业应用平台——烟台川林有限公司，执行"业务工作"|"人力资源"|"考勤管理"|"考勤设置"|"考勤制度"命令，打开"考勤制度"对话框，如图 7-4 所示。

提示：

系统预置的(默认)考勤制度不允许删除，但可修改除类别编码外的所有内容(包括类别名称)。

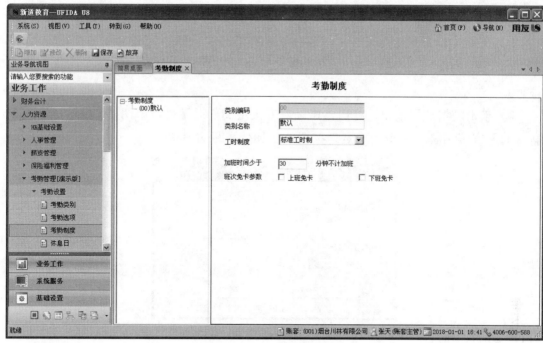

图 7-4 "考勤制度"对话框

7.1.4 休息日

休息日方案包括三部分,一是正常公休(周六、周日),二是法定节假日,三是公休日调整。需要增加的法定节假日方案如表 7-3 所示,需要调整的公休日方案如表 7-4 所示。

表 7-3 需要增加的法定节假日方案

序号	日期	法定节假日名称
01	2020-09-24	中秋节
02	2020-10-01	国庆节
03	2020-10-02	国庆节
04	2020-10-03	国庆节

表 7-4 需要调整的公休日方案

序号	日期	星期	休息	备注
01	2020-02-01	一	是	中秋放假调整为公休
02	2020-10-06	六	否	国庆放假调整为上班
03	2020-10-07	日	否	国庆放假调整为上班

操作步骤：

① 登录 U8 企业应用平台——烟台川林有限公司，执行"业务工作"|"人力资源"|"考勤管理"|"考勤设置"|"休息日"命令，打开"用友 ERP-U8 休息日"对话框。

② 单击"增加"按钮，弹出"休息日方案增加"对话框，如图 7-5 所示，输入方案编码和方案名称，单击"确定"按钮，增加休息日方案成功。

图 7-5 "休息日方案增加"对话框

③ 选择"法定节假日"选项，单击工具栏上的"修改"按钮，即可增加或删除相关法定节假日安排，如图 7-6 所示。

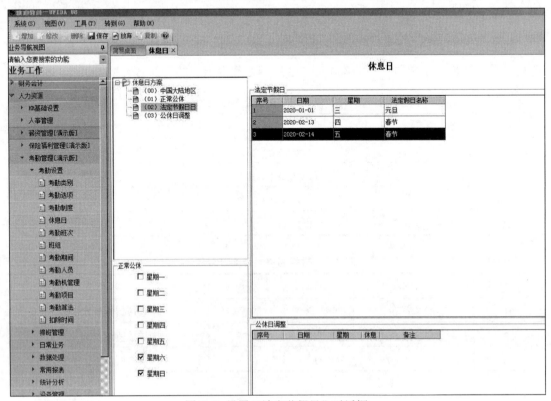

图 7-6 设置"法定节假日"对话框

④ 同上述操作步骤，可以增加或删除公休日调整的相关安排，如图7-7所示。

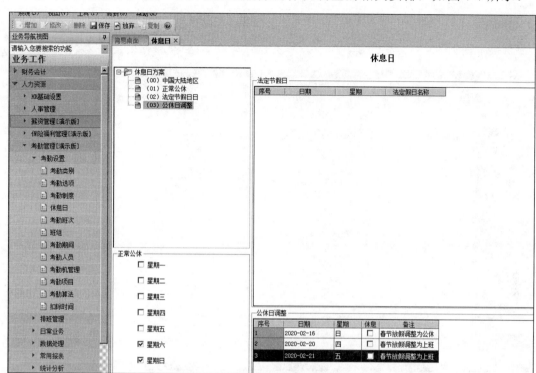

图7-7 设置"公休日"对话框

7.1.5 考勤班次

可定义班次的具体信息，如设置班次编码、名称、班次时间段的上下班时间等内容。只有设置了班次，才能进行排班操作；系统根据班次设置及员工刷卡情况计算员工的出勤情况。需要增加的考勤班次信息，如表7-5所示。

表7-5 需要增加的考勤班次信息

班次编码	班次名称	应用部门	起始刷卡时间	上班时间	下班时间	截止刷卡时间	扣休息/分钟
0000	正常班	全部	8:00	8:30	17:30	18:30	60
0001	夜班	全部	19:30	20:00	5:00	5:30	60

操作步骤：

① 登录U8企业应用平台——烟台川林有限公司，执行"业务工作"|"人力资源"|"考勤管理"|"考勤设置"|"考勤班次"命令，打开"用友ERP-U8考勤班次"对话框，如图7-8所示。

② 单击工具栏上的"修改"按钮，即可进行相关参数的设置和修改。

提示：

班次有两种状态：启用及禁用。若班次已被禁用，在排班时则无法看到此班次。

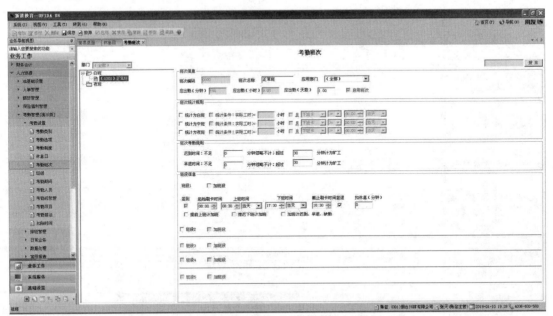

图 7-8　设置"考勤班次(白班)"对话框

③ 选中"夜班"，单击"增加"按钮，按实验资料输入相关信息，如图 7-9 所示。

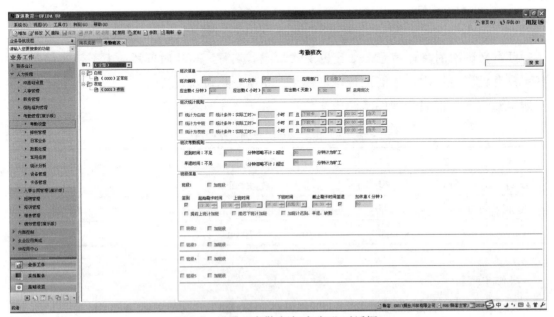

图 7-9　设置"考勤班次(夜班)"对话框

7.1.6 班组

考勤模块的班组主要是为了方便自动排班,既可以是组织意义上的班组,也可以看作具有相同或相似考勤规则的员工的集合。班组人员名单需要到考勤人员中指定人员所属的班组。需要增加的班组基本信息如表7-6所示。

表7-6 需要增加的班组基本信息

班组编码	班组名称	所属部门	成立日期	撤销日期
01	正常班组	生产部	2020-1-1	2020-1-31

操作步骤:

① 登录 U8 企业应用平台——烟台川林有限公司,执行"业务工作"|"人力资源"|"考勤管理"|"考勤设置"|"班组"命令,打开"用友 ERP-U8 班组"对话框,如图 7-10 所示。

② 单击工具栏上的"增加"按钮,输入相关信息,即可增加班组。

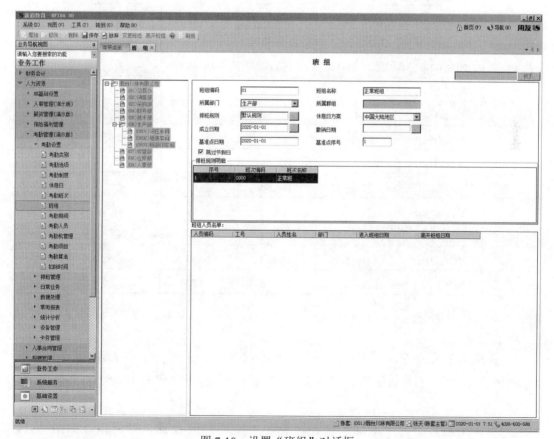

图 7-10 设置"班组"对话框

7.1.7 考勤期间

在对员工进行考勤时，一般是以考勤期间为时间单位对员工进行考勤，同时定义考勤期间也方便考勤系统与薪资系统接口。

在定义考勤期间时，以年度为单位，设置若干个考勤期间，然后再具体定义每个考勤期间，当在通用考勤制度的工时页签内选择了综合工时制时才显示结算加班工资。若勾选此列，综合工时制的员工在当月结算加班工时，同时系统提供考勤期间的封存功能，考勤期间封存后，对该期间的任何数据都不能再进行修改。封存考勤期间条件：该期间之前的考勤期间已经被封存；考勤期间解封条件：该期间之后的考勤期间没有被封存。

需要设置的考勤期间信息如表 7-7 所示。

表 7-7 需要设置的考勤期间信息

考勤期间	起始日期	结束日期	月工作小时数	月工作日	结算加班工资	封存状态
1	2021-01-01	2021-01-31	166.64	20.83	√	未封存
2	2021-02-01	2021-02-28	166.64	20.83	√	未封存
3	2021-03-01	2021-03-31	166.64	20.83	√	未封存
4	2021-04-01	2021-04-30	166.64	20.83	√	未封存
5	2021-05-01	2021-05-31	166.64	20.83	√	未封存
6	2021-06-01	2021-06-30	166.64	20.83	√	未封存
7	2021-07-01	2021-07-31	166.64	20.83	√	未封存
8	2021-08-01	2021-08-31	166.64	20.83	√	未封存
9	2021-09-01	2021-09-30	166.64	20.83	√	未封存
10	2021-10-01	2021-10-31	166.64	20.83	√	未封存
11	2021-11-01	2021-11-30	166.64	20.83	√	未封存
12	2021-12-01	2021-12-31	166.64	20.83	√	未封存

操作步骤：

① 登录 U8 企业应用平台——烟台川林有限公司，执行"业务工作"|"人力资源"|"考勤管理"|"考勤设置"|"考勤期间"命令，打开"用友 ERP-U8 考勤期间"对话框。

② 单击工具栏中的"增加"按钮，弹出"考勤期间设置"对话框，如图 7-11 所示。

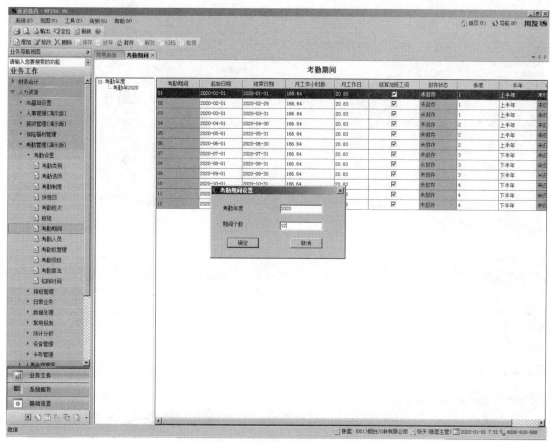

图 7-11 "考勤期间设置"对话框

③ 输入相关信息，单击"确定"按钮，弹出如图 7-12 所示的对话框。输入"起始日期"和"结束日期"，勾选"结算加班工资"复选框，单击"保存"按钮，即得到如图 7-13 所示的各年度"考勤期间"信息对话框。

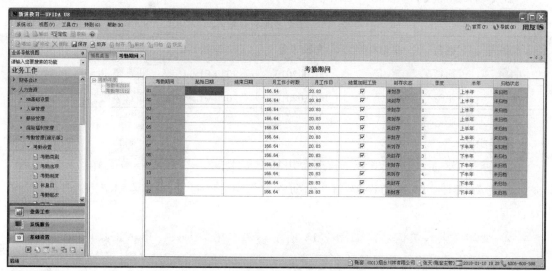

图 7-12 "考勤期间"日期设置对话框

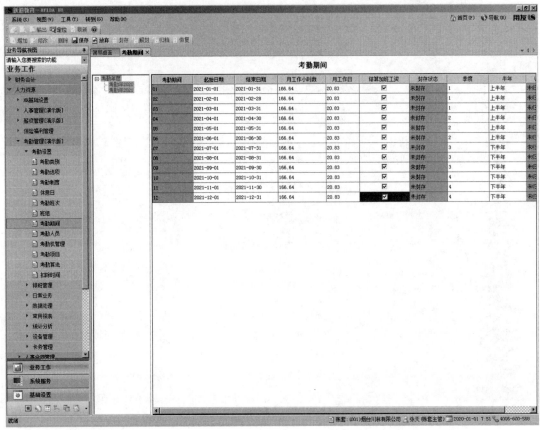

图 7-13 各年度"考勤期间"信息对话框

7.1.8 考勤人员

需要增加的考勤人员如表 7-8 所示。

表 7-8 需要增加的考勤人员

人员编码	姓名	是否考勤	考勤卡号	进入班组日期	所属班组	所属部门
0010	周杉	是	001007010	2020-01-04	正常班组	生产部
0012	王涛	是	001207012	2020-01-04	正常班组	生产部

操作步骤：

① 登录 U8 企业应用平台——烟台川林有限公司，执行"业务工作"|"人力资源"|"考勤管理"|"考勤设置"|"考勤人员"命令，打开"用友 ERP-U8 考勤人员"对话框。

② 增加考勤人员信息，如图 7-14 所示，选中相关人员。单击工具栏中的"变更班组"按钮，进行相关信息输入。

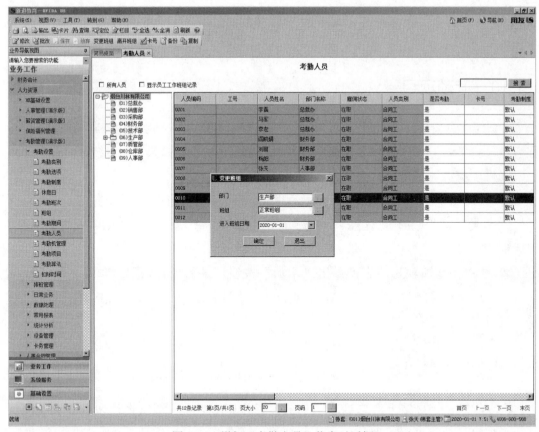

图 7-14　增加"考勤人员"信息对话框

7.1.9　考勤机管理

从 870 开始用友 ERP 管理软件增加了直接集成第三方考勤机的模式,支持从考勤机中直接下载刷卡数据到 U8 考勤系统。

考勤管理支持两种第三方考勤机系统集成方案:直接集成方案和外部数据文件接口方案。

外部数据文件接口方案:仅支持导入 TXT 格式的考勤机刷卡数据文件。

直接集成方案:可直接将用友协作厂家的刷卡数据从考勤机下载到考勤系统,支持 COM 口和 IP 地址两种访问模式。

考勤机设置的内容包括:考勤机设置程序、数据接收程序、结果文件名称、结果文件格式。通过接口设置,可集成第三方的考勤机系统。

提示:

(1) 考勤数据文件每行只能有一条刷卡数据。

(2) 刷卡数据格式按卡号、年、月、日、小时、分钟、考勤机号、考勤标志以无关项分隔,后两项为可选项目。

(3) 如果设置了考勤标志，则系统只导入在指定位置存在的与考勤标志相同内容的记录。

7.1.10 考勤项目

考勤项目即为 871 及以前版本"信息结构"中的考勤日结果和考勤月结果表，并新增班段结果表，三张表中分别包含了考勤日结果、考勤月结果和班段结果中的项目。

操作步骤：

① 登录 U8 企业应用平台——烟台川林有限公司，执行"业务工作"｜"人力资源"｜"考勤管理"｜"考勤设置"｜"考勤项目"命令，打开"用友 ERP-U8 考勤项目"对话框。

② 选中要增加项目的表，单击"增加"按钮。录入项目编码、项目名称、数据类型、参照项目(数据类型为参照)、数据长度、小数长度、是否显示等信息。单击"保存"按钮保存信息。

7.1.11 考勤算法

将班段算法、日结果汇总算法、月结果汇总算法按业务逻辑设计为多个子过程，每个子过程包括三个组成部分：预处理过程、标准算法、后处理过程。其中，预处理过程、后处理过程默认为空，可由用户或实施人员设计自定义算法。标准算法可配置是否启用。标准算法和自定义算法可更好地组合，用以解决各种复杂场景的应用问题。

举例：对于考勤日结果表，增加一个用于折算迟到时间的公式，实现分段计算。需要增加的考勤算法如表 7-9 所示，算法公式如表 7-10 所示。

表 7-9 需要增加的考勤算法

实际迟到时间/分钟	折算迟到时间/分钟
0	0
1~30	30
31~60	60
60 以上	120

表 7-10 需要增加的考勤算法公式

表名	字段名称	公式名称	公式内容	计算顺序	是否启用
考勤日结果	迟到折算分钟数	迟到时间折算公式	分情况 如果考勤日结果.迟到时间=0，则为 0；	1	启用

(续表)

表名	字段名称	公式名称	公式内容	计算顺序	是否启用
考勤日结果	迟到折算分钟数	迟到时间折算公式	如果考勤日结果.迟到时间在 1 和 30 之间，则为 30；如果考勤日结果.迟到时间在31 和 60 之间，则为 60；否则为 120。结束	1	启用

操作步骤：

① 登录 U8 企业应用平台——烟台川林有限公司，执行"业务工作"|"人力资源"|"考勤管理"|"考勤设置"|"考勤项目"命令，打开"用友 ERP-U8 考勤项目"对话框。

② 单击工具栏中的"增加"按钮，输入名称"迟到折算分钟数"，数据类型选择"整型"，单击"保存"按钮完成，如图 7-15 所示。

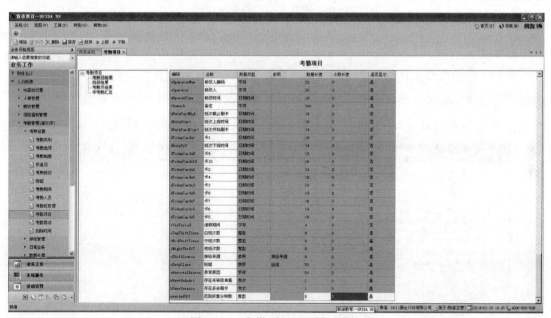

图 7-15 "考勤项目"设置对话框

③ 登录 U8 企业应用平台——烟台川林有限公司，执行"业务工作"|"人力资源"|"考勤管理"|"考勤设置"|"考勤算法"命令，打开"用友 ERP-U8 考勤算法"对话框。

④ 选择"日结果算法"|"计算实际出勤时间"节点，如图 7-16 所示。单击"修改"按钮，再单击"增行"按钮，参照输入目标字段，在"第三步　后处理公式"中录入公式说明、公式内容、计算顺序、是否启用等信息。

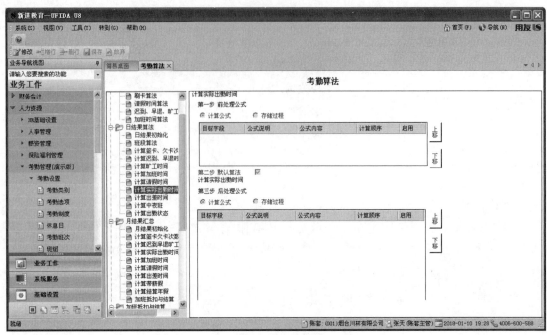

图 7-16 "考勤算法"设置对话框

提示：

因为在考勤项目里已输入"迟到折算分钟数"，所以，在输入目标字段时，可以单击 按钮进行选择。输入公式内容时，按以下步骤：单击 按钮，执行"内部函数"|"语句函数"|"IF 语句/CASE 语句"命令，进行公式内容的输入，如图 7-17 所示。

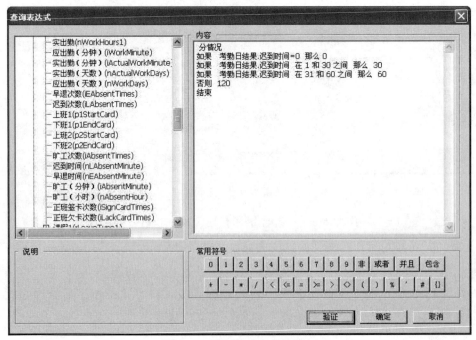

图 7-17 进行公式内容的输入

⑤ 单击"保存"按钮保存计算公式信息。单击"修改"按钮，修改计算公式信息。单击"删行"按钮，删除选中的对应公式行。

7.2 日常业务

7.2.1 排班管理

系统提供了多种排班方式：自动排班、批量排班、手工排班、轮班排班和参照排班。已经封存的考勤期间不能重新排班进入。当月排班完成后，可将排班表进行锁定，已锁定的排班表不允许修改排班和日期属性。

1. 班组排班设置

需要增加的班组排班规则如表 7-11 所示。

表 7-11 需要增加的班组排班规则信息

编码	名称	班次名称
01	正常班	正常班
02	夜 班	夜 班
03	休 息	休 息

操作步骤：

① 登录 U8 企业应用平台——烟台川林有限公司，执行"业务工作"|"人力资源"|"考勤管理"|"日常业务"|"排班管理"命令，打开"用友 ERP-U8 班组排班设置"对话框。

② 单击"班组排班规则"，编码输入"01"，名称输入"正常班"，单击"增行"按钮，双击选中"正常班"，单击"保存"按钮。同理，输入列表其他信息，结果如图 7-18 所示。

2. 排班单

需要增加的排班信息如表 7-12 所示。

表 7-12 需要增加的排班信息

人员名称	2020-01-01	2020-01-02	2020-01-03	2020-01-04	2020-01-05
闫晓娟	休息	休息	休息	正常班	夜班
刘丽	夜班	夜班	夜班	休息	正常班
杨阳	正常班	正常班	正常班	夜班	休息

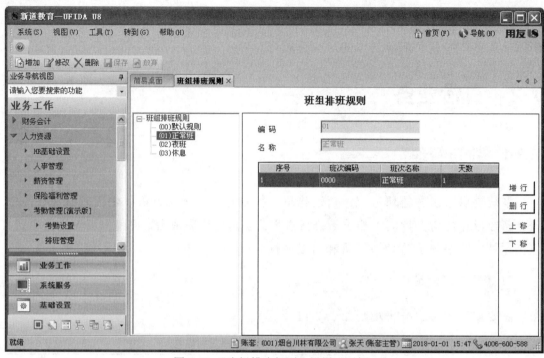

图 7-18 "班组排班规则"设置对话框

操作步骤：

① 登录 U8 企业应用平台——烟台川林有限公司，执行"业务工作"|"人力资源"|"考勤管理"|"日常业务"|"排班管理"|"排班单"|"排班单"命令，打开"排班单设置"对话框，按图 7-19 所示输入相关信息。

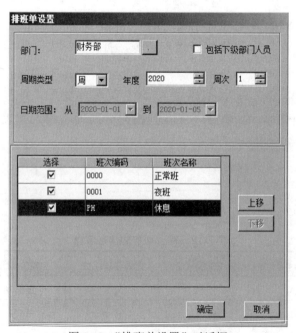

图 7-19 "排班单设置"对话框

② 单击"确定"按钮,按表 7-12 输入相关信息,结果如图 7-20 所示。

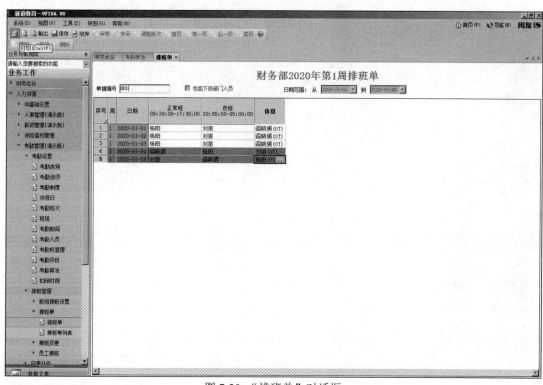

图 7-20 "排班单"对话框

3. 排班变更

需要变更的排班信息如表 7-13 所示。

表 7-13 需要变更的排班信息

部门	人员姓名	日期	变更前班次	变更后班次
财务部	闫晓娟	2020-01-04	正常班	休息

操作步骤:

登录 U8 企业应用平台——烟台川林有限公司,执行"业务工作"|"人力资源"|"考勤管理"|"日常业务"|"排班管理"|"排班变更"|"班次变更单"命令,打开"班次变更单"对话框,按实验资料输入相关信息,结果如图 7-21 所示。

图 7-21 "班次变更单"对话框

7.2.2 加班登记

需要增加的加班登记信息如表 7-14 所示。

表 7-14 需要增加的加班登记信息

人员名称	加班时间	加班日期	加班开始时间	加班结束时间	审批人	加班类别	加班原因
杨阳	2	2020-01-04	18:00	20:00	闫晓娟	工作日加班	工作需要

操作步骤：

① 登录 U8 企业应用平台——烟台川林有限公司，执行"业务工作"|"人力资源"|"考勤管理"|"日常业务"|"加班登记"命令，打开"用友 ERP-U8 加班登记"对话框。

② 选择员工后，单击加班信息下的"增加"按钮，增加员工加班信息，如图 7-22 所示。

③ 请假、出差、休假业务的操作步骤同上。

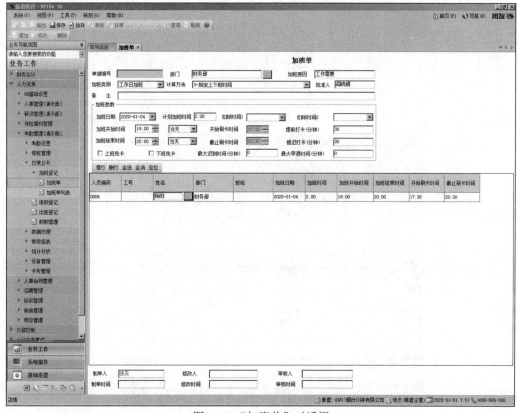

图 7-22 "加班单"对话框

7.3 数据处理

7.3.1 刷卡数据

刷卡数据包括以下几类。

(1) 将考勤机数据下载到本地数据文件(数据接收程序)。

(2) 从本地数据文件导入考勤刷卡数据(参照结果文件格式)。

(3) 由于某种原因一组或个别员工没有刷卡数据时(如班车迟到),通过该功能补刷卡记录,系统提供了根据排班情况自动生成正常刷卡数据或手工补刷卡时间两种方式。

(4) 以每个人的考勤规则为依据,以原始刷卡数据为基础计算每天的考勤结果,同时提供对程序无法处理的刷卡数据(异常刷卡数据)进行二次处理。

7.3.2 考勤计算

以排班、通用考勤制度和特殊考勤制度为依据,以原始刷卡数据为基础,计算员工每天的考勤结果。

操作步骤：

① 登录 U8 企业应用平台——烟台川林有限公司，执行"业务工作"|"人力资源"|"考勤管理"|"数据处理"|"考勤计算"命令，弹出如图 7-23 所示的对话框，录入相关信息。

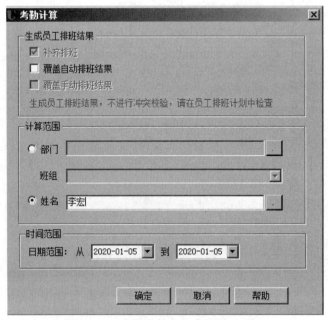

图 7-23 "考勤计算"信息设置对话框

提示：

录入计算人员范围分为两种模式：部门班组模式和姓名模式。部门班组模式为选择具体的部门及该部门下的班组；姓名模式为直接输入人员编码或姓名，或者参照选择人员，并允许进行多选，多选时人员之间以分号隔开；录入需要进行考勤计算的日期范围时，范围不能超过 45 天。

② 单击"确定"按钮，完成考勤计算。

提示：

如果使用直接集成模式，可以在系统服务中，根据定时任务设置自动计算每天的考勤，生成班段考勤结果和日考勤结果。

7.3.3 异常处理

通过异常处理功能加强系统的异常考勤查看及处理功能，并对异常进行分类，以便准确、高效地处理异常考勤结果。

操作步骤：

① 登录 U8 企业应用平台——烟台川林有限公司，执行"业务工作"|"人力资源"|"考勤管理"|"数据处理"|"异常处理"命令，弹出如图 7-24 所示的对话框。输入查询人员范围、日期范围，选择异常资料。可以同时选择数据的审核状态，并可以同时选择查看的数据中是否包含请假、加班、出差情况。

图 7-24 "异常查询"对话框

② 单击"确定"按钮，完成资料查询，如图 7-25 所示。

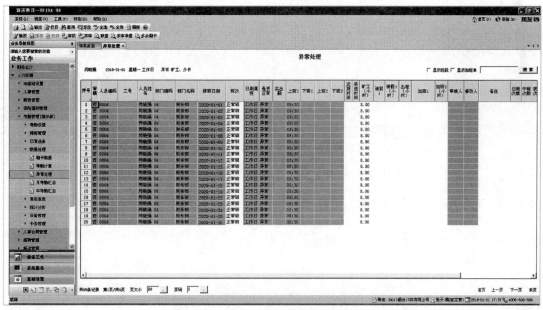

图 7-25 "异常处理"信息查询对话框

7.3.4 月考勤汇总

操作步骤：

① 登录 U8 企业应用平台——烟台川林有限公司，执行"业务工作"|"人力资源"|"考勤管理"|"数据处理"|"月考勤汇总"命令，打开"用友 ERP-U8 月考勤汇总"对话框。

② 选择要进行汇总的部门或班组(以财务部为例)，选择需要汇总的考勤期间(2020-01-01—2020-01-31)，单击工具栏上的"汇总"按钮，系统将对当前选择范围人员在指定考勤期间的考勤结果进行汇总，如图 7-26 所示。

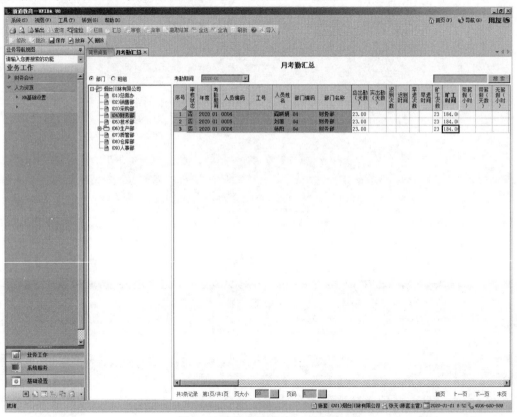

图 7-26 "月考勤汇总"对话框

提示：

(1) 新版本考勤月结果上的相应数据不再根据加班单、请假单、休假单、出差单、调休单上的时间进行汇总，而是根据日结果数据进行汇总。

(2) 综合工时制：工作日加班时间=实出勤(小时) - 标准工作小时，工作日加班时间可以小于 0。

(3) 重新汇总会将手工修改过的记录覆盖。

7.4 考勤日报

为方便 HR 部门、各部门经理了解员工的迟到、早退、旷工工时等出勤情况，系统提供了考勤日报表。考勤日报表是对汇总后的数据进行统计并且根据查询条件列出员工的日出勤情况。

操作步骤：

① 登录 U8 企业应用平台——烟台川林有限公司，执行"业务工作"|"人力资源"|"考勤管理"|"常用报表"|"考勤日报"命令，打开"考勤日报"对话框。

② 选择要进行查询的部门或班组(以财务部为例)，选择需要查询的考勤期间(2020-01-01—2020-01-31)，即可查看所需的考勤日报，如图 7-27 所示。

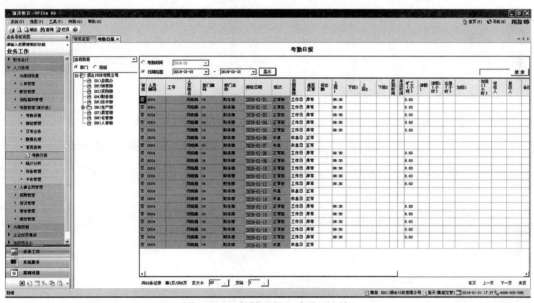

图 7-27 "考勤日报"查询对话框

7.5 统计分析

统计分析主要就是固定报表、动态报表、综合分析三类，可以在 HR 基础设置中定义好后分配到各个模块。

第 8 章

人事合同管理

▶ **人事合同管理基本功能**

通过本实验，使学生掌握 eHR 系统中对员工劳动合同、岗位协议、保密协议、培训协议及其他自定义协议的处理，包括各类合同/协议的签订、变更、解除、续签、终止。掌握人事合同管理模块与人员机构管理、人事管理、培训管理等模块的关联。了解续签意见征询、劳动争议的处理。利用合同台账及合同报表进行查询统计。

- 基础设置
  - 合同类型管理
  - 通知模板
- 日常业务
  - 日常管理
  - 劳动争议
  - 台账管理
  - 统计分析

▶ **人事合同管理理论基础**

劳动合同是指劳动者与用人单位之间确立劳动关系，明确双方权利和义务的协议。订立和变更劳动合同，应当遵循平等自愿、协商一致的原则，不得违反法律、行政法规的规定。劳动合同依法订立即具有法律约束力，当事人必须履行劳动合同规定的义务。企业合同管理是指企业对以自身为当事人的合同依法进行订立、履行、变更、解除、转让、终止，以及审查、监督、控制等一系列行为的总称。其中，订立、履行、变更、解除、转让、终止是合同管理的内容；审查、监督、控制是合同管理的手段。

- 合同管理的特点

合同管理必须是全过程的、系统性的、动态性的。合同管理全过程就是由洽谈、草拟、签订、生效开始，直至合同失效为止。不仅要重视签订前的管理，更要重视签订后的管理。系统性就是凡涉及合同条款内容的各部门都要一起来管理。动态性就是注重履约全过程的情况变化，特别要掌握对自己不利的变化，及时对合同进行修改、变更、补充或中止和终止。

- 劳动合同的有效性

《中华人民共和国劳动合同法》(以下简称《劳动合同法》)明确规定了劳动合同双方当事人的权利和义务，所以各企事业单位和员工签订的劳动合同应遵守《劳动合同法》的相关规定，具体规定涉及劳动合同的签订、修改、变更和终止。

劳动合同依法成立，从劳动合同成立之日或者劳动合同约定生效之日起，就具备法律效力，即在劳动合同双方当事人之间形成劳动法律关系，并对劳动合同双方当事人产生法律约束力，达到合同双方当事人预期的法律效果。有效劳动合同应具备以下要件。

(1) 当事人双方主体合格。作为劳动者应年满十六周岁才具有劳动行为能力，禁止用人单位招用未满十六周岁的未成年人。对于文艺、体育和特种工艺单位招用未满十六周岁的未成年人，必须依照国家有关规定，履行审批手续，并保障其接受义务教育的权利。作为用人单位签订合同的人必须是法定代表人或其授权委托的人，用人单位的党组织或工会组织无权代表用人单位签订合同。

(2) 合同内容合法。双方当事人在劳动合同中约定的劳动权利和义务必须符合国家法律和有关行政法规的规定。有的劳动者为了找到工作，尤其是乡村劳动者，即使他们自愿干不符合劳保条件的工作或低于最低工资，也不能作为合同条款规定在合同中。因为这是违反法律的，合同中规定了这样的条款，也不受法律的保护。

(3) 意思表示真实自愿。双方当事人确立劳动关系是自愿的，劳动合同约定的权利和义务不是虚假的意思表示，特别是用人单位在劳动合同上许诺的条款是将来要付诸实施的，而不是用来欺骗劳动者的。

(4) 符合法定形式。劳动合同应当以书面形式订立。需要注意的是，《劳动合同法》并未将劳动合同的鉴证或公证作为劳动合同有效的条件，除非合同约定需公证或鉴证的，才需要公证或鉴定。

▼ 人事合同管理操作实务

具体实验操作方法与步骤详见以下各节所述。

8.1 基础设置

8.1.1 劳动合同设置

本系统将不同种类的合同分为不同的合同类型进行管理。系统预制了合同类型，用户可以根据需要自定义更多的合同类型。

8.1.2 通知模板

需要增加的通知模板如表 8-1 所示。

表 8-1 需要增加的通知模板

模板名称	模板内容	详细信息
人事合同到期通知	您的劳动合同即将到期，请及时到人力资源部进行合同续签	为设置的默认信息

操作步骤：

① 登录 U8 企业应用平台——烟台川林有限公司，执行"业务工作"|"人力资源"|"人事合同管理"|"基础设置"|"通知模板"命令，进入"用友 ERP-U8 系统管理"对话框。

② 单击"增加"按钮，弹出"通知模板"对话框，如图 8-1 所示。

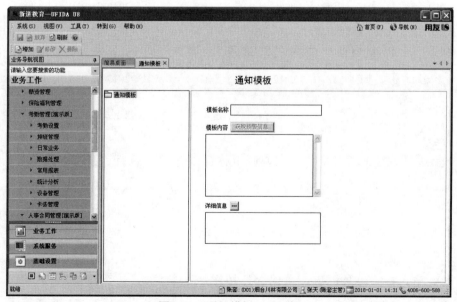

图 8-1 "通知模板"对话框

③ 输入模板名称、模板内容和详细信息。

④ 单击"保存"按钮，完成通知模板的设置。

8.2 合同业务处理

8.2.1 初签业务

对合同进行初签，需要增加的初签业务如表 8-2 所示。

表 8-2 需要增加的初签业务

签订类型	人员	合同期限类型	合同编号	合同期限/月	合同开始日期	合同结束日期
初签	李磊	固定期限	0001	48	2016-05-08	2020-05-07
初签	马军	固定期限	0002	48	2016-05-08	2020-05-07
初签	李宏	固定期限	0003	60	2015-06-01	2020-05-31
初签	闫晓娟	固定期限	0004	36	2017-05-10	2020-05-09
初签	刘丽	固定期限	0005	48	2016-12-01	2020-11-30
初签	杨阳	固定期限	0006	48	2016-11-01	2020-10-31
初签	张天	固定期限	0007	48	2017-01-01	2020-12-31
初签	孙力	固定期限	0008	48	2016-07-01	2020-06-30
初签	张华	固定期限	0009	48	2016-04-01	2020-03-31
初签	周杉	固定期限	0010	36	2017-02-01	2020-01-31
初签	王涛	固定期限	0011	48	2016-02-01	2020-01-31
初签	高原	固定期限	0012	48	2017-01-01	2020-12-31

操作步骤：

① 登录 U8 企业应用平台——烟台川林有限公司，执行"业务工作"|"人力资源"|"人事合同管理"|"劳动合同"命令，进入"用友 ERP-U8 系统管理"对话框。

② 单击"全选"按钮，选中"初签"单选按钮，弹出"初签劳动合同"对话框，如图 8-2 所示。选中"有固定合同期限"单选按钮，合同类型选择"全日制劳动合同"，输入员工的合同编号，单击"确定"按钮，弹出"劳动合同"窗口，如图 8-3 所示，按实验资料输入相关信息，单击"保存"按钮。

图 8-2 "初签劳动合同"对话框

图 8-3 "劳动合同"窗口

③ 单击"退出"按钮,在合同模式下选中"刘丽",单击"修改"按钮,进入"修改劳动合同"窗口,如图 8-4 所示。

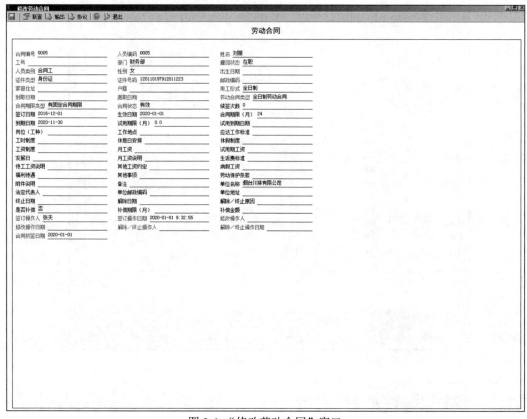

图 8-4 "修改劳动合同"窗口

④ 进入"修改劳动合同"窗口进行信息修改。按以上步骤修改其他人员的信息。

8.2.2 合同变更业务

对合同进行变更,需要增加的合同变更业务如表 8-3 所示。

表 8-3 需要增加的合同变更业务

签订类型	人员	合同期限类型	合同期限/月	合同开始日期	合同结束日期	变更日期
变更	周杉	固定期限	36	2017-02-01	2020-01-31	2020-01-01

操作步骤:

① 登录 U8 企业应用平台——烟台川林有限公司,执行"业务工作"|"人力资源"|"人事合同管理"|"劳动合同"命令,进入"用友 ERP-U8 系统管理"对话框。

② 单击"续签"按钮,选中"变更",弹出"变更劳动合同"对话框,如图 8-5

所示,按实验资料输入相关信息,单击"保存"按钮。

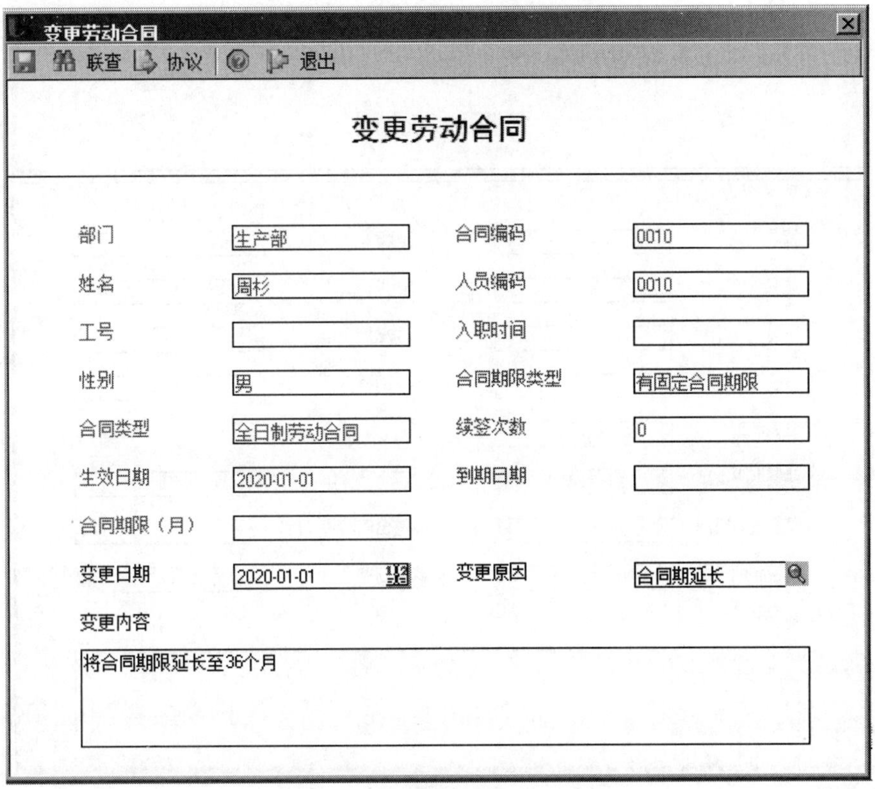

```
┌─────────────────────────────────────────────┐
│ 变更劳动合同                              × │
│ 🔍联查  协议  ❹  退出                       │
│                                             │
│              变更劳动合同                   │
│                                             │
│   部门      [生产部]      合同编码  [0010]  │
│   姓名      [周杉]        人员编码  [0010]  │
│   工号      [    ]        入职时间  [    ]  │
│   性别      [男  ]     合同期限类型 [有固定合同期限] │
│   合同类型  [全日制劳动合同]  续签次数 [0]  │
│   生效日期  [2020-01-01]  到期日期  [    ]  │
│   合同期限(月) [    ]                       │
│   变更日期  [2020-01-01]  变更原因  [合同期延长] │
│   变更内容                                  │
│   [将合同期限延长至36个月                 ] │
│                                             │
└─────────────────────────────────────────────┘
```

图 8-5 "变更劳动合同"对话框

③ 按以上步骤输入其他人员的变更信息。

8.2.3 合同续签业务

对合同进行续签,需要增加的合同续签业务如表 8-4 所示。

表 8-4 需要增加的合同续签业务

签订 类型	人员	合同期限 类型	合同 期限/月	合同开始 日期	合同结束 日期	续签日期
续签	张天	固定期限	24	2020-01-01	2021-12-31	2020-01-01
续签	张华	固定期限	12	2020-04-01	2021-03-31	2020-04-01

操作步骤:

① 登录 U8 企业应用平台——烟台川林有限公司,执行"业务工作"|"人力资源"|"人事合同管理"|"劳动合同"命令,进入"用友 ERP-U8 系统管理"对话框。

② 单击打开"业务"下拉列表,选中"续签",弹出"续签劳动合同"对话框,

如图 8-6 所示，按实验资料输入相关信息，单击"保存"按钮。

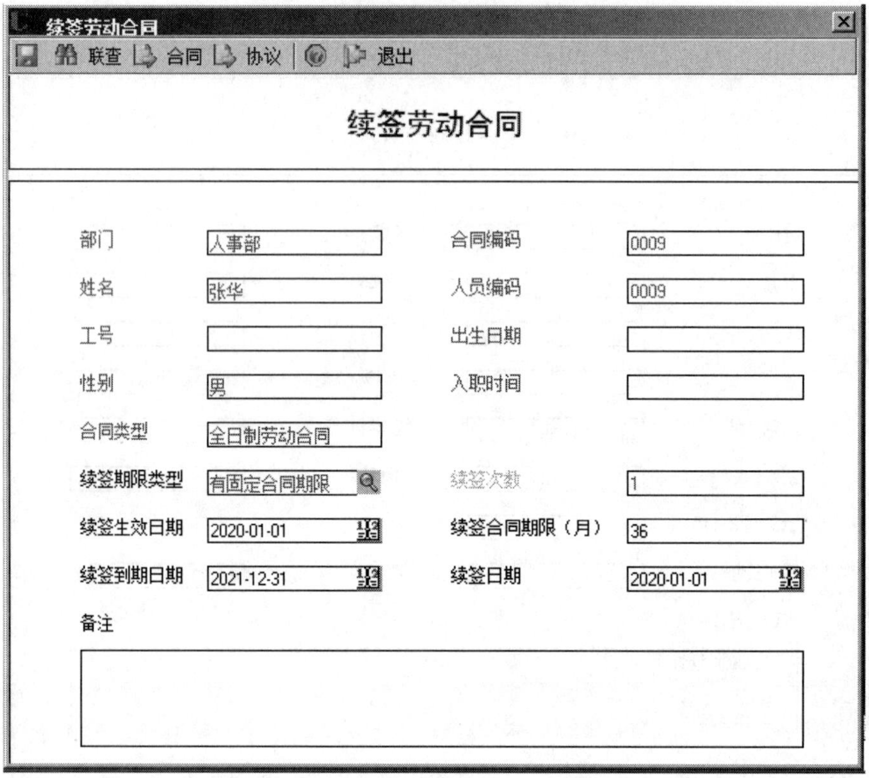

图 8-6 "续签劳动合同"对话框

③ 按以上步骤输入其他人员的信息。

提示：

续签合同生效日期指合同条款中约定的合同生效日期，如本合同自何时生效；续签合同到期日期指合同条款中约定的合同履行期限届满之日，也是一个具体的时间点；续签合同限期指合同约定的履行期间，即自何时起至何时止；续签日期则为订约人签约的具体时间。

8.2.4 合同终止业务

对合同进行终止，需要增加的合同终止业务如表 8-5 所示。

表 8-5 需要增加的合同终止业务

签订类型	人员	终止日期	终止原因
终止	王涛	2020-02-01	合同到期

操作步骤：

① 登录 U8 企业应用平台——烟台川林有限公司，执行"业务工作"|"人力资源"|"人事合同管理"|"劳动合同"命令，进入"用友 ERP-U8 系统管理"对话框。

② 单击打开"业务"下拉列表，选中"终止"，弹出"终止劳动合同"对话框，如图 8-7 所示，按实验资料输入相关信息，单击"保存"按钮。

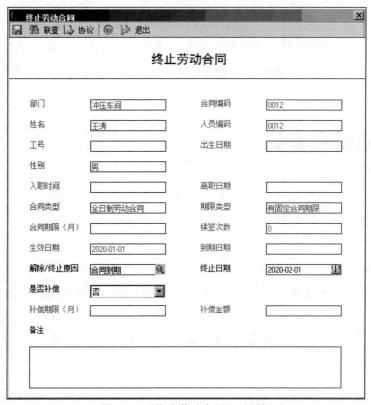

图 8-7 "终止劳动合同"对话框

③ 按以上步骤输入其他人员的相关信息。

8.3 劳动争议结果记录

记录发生劳动争议的缘由和处理结果。

操作步骤：

① 登录 U8 企业应用平台——烟台川林有限公司，执行"业务工作"|"人力资源"|"人事合同管理"|"劳动争议"命令，进入"用友 ERP-U8 劳动争议"对话框。

② 单击工具栏上的"增加"按钮，输入发生劳动争议的缘由和处理结果。

③ 单击"保存"按钮。

8.4　劳动台账查询

选择需要查询的合同类型、合同状态，查询出各类合同/协议的各种业务处理记录及最新合同状态。

操作步骤：

① 登录U8企业应用平台——烟台川林有限公司，执行"业务工作"|"人力资源"|"人事合同管理"|"协议管理"|"台账"命令，进入"用友ERP-U8台账管理"对话框。

② 单击"合同模式"，选择需要查询的合同类型、合同状态，可查询出各类合同/协议的各种业务处理记录及最新合同状态。

8.5　劳动报表查询

选择需要查询的统计报表、统计部门、统计时间范围，可对劳动合同的当前情况、期满情况、初签/解除/终止/续签情况等进行统计。

操作步骤：

① 登录U8企业应用平台——烟台川林有限公司，执行"业务工作"|"人力资源"|"人事合同管理"|"统计分析"命令，进入"用友ERP-U8统计分析"对话框。

② 选择需要查询的统计报表、统计部门、统计时间范围，可对劳动合同的当前情况、期满情况、初签/解除/终止/续签情况等进行统计。

第 9 章

招聘管理

▅ 招聘管理基本功能

通过本实验使学生掌握 U8-HR 系统中对员工招聘流程的处理，包括应聘信息的采集、测评结果的记录、录用审批、员工报到、入职的全过程处理。具体内容如下。

- 招聘业务
  - 招聘渠道
  - 招聘需求
  - 招聘计划
  - 应聘管理
  - 人才库管理

▅ 招聘管理理论基础

招聘管理是组织基于生存和发展的需要，根据组织人力资源规划和工作分析的数量与质量要求，采用一定的方法吸纳或寻找具备任职资格和条件的求职者，并采取科学有效的选拔方法，对组织所需的人力资源展开招募、选拔、录用、评估等一系列活动，从而筛选出符合本组织所需合格人才并予以聘用过程的管理活动。

- 招聘管理的流程

(1) 招募：主要包括招聘计划的制订与审批，招聘渠道的选取，招聘信息的设计与发布，以及组织应聘者。招募的主要目的是宣传组织形象，扩大组织在劳动力市场中的影响力，把组织所需的潜在员工尽量吸引过来。同时，达到劳动力供需双方信息的充分交流与沟通，顺利达成交易的目的。

(2) 甄选：是从职位申请者中选出组织需求的最合适人员的过程。它包括资格审查、初选、笔试、面试、心理测试，以及其他测试、体检、个人资料核实等内容。这一阶段，人力资源管理工作的质量将直接影响组织最后的录取质量，也是招聘管理中技术性最强和难度最大的阶段。

(3) 录用：在经过笔试、面试或心理测试后，招聘录用工作进入了决定性阶段。这一阶段的主要任务是通过对甄选评价过程中产生的信息进行综合评价与分析，确定每一位应试者的素质和能力特点，根据预先确定的人员录用标准与录用计划进行录用决策。录用主要包括新人上岗引导、新员工培训和访查等内容。

(4) 面试结果反馈：人员选聘与录用工作的每个环节都包含两个方面的结果，即录用过程和辞谢过程。录用过程是指应聘者在应聘过程中逐步被组织接纳，而辞谢过程则是招聘录用过程中的淘汰，两者是同时延续和完成的。面试结果的反馈有两条线路，一是由人事部门将人员录用结果反馈到组织的上级和用人部门。二是逐一将面试结果通知应聘者本人，对录用人员发布"试录用通知"，对没有被接受的应聘者发布"辞谢书"。

(5) 面试资料存档备案：将所有面试资料存档备案，以备查询。

(6) 招聘工作评估：主要内容包括招聘结果的成效评估(如成本与效益评估)、录用员工数量与质量评估、招聘方法的成效评估(如对所采用的选拔方法的信度与效度加以评估)。

- 招聘风险

在招聘过程中，由于招聘者并不知道求职者的真实工作能力，低能力的求职者可能伪装成高能力的求职者来欺骗企业(如求职者伪造文凭、推荐信)，夸大自己的能力蒙骗企业与自己订立劳动合同，这就会造成招聘录用有效性大大降低，从而引发招聘的风险，给企业带来巨大的损失。为正确规避风险，达到招聘的有效性，解决招聘风险的主要对策就是增加双方信息对称的程度。具体而言，可以通过以下手段进行。

(1) 规范招聘流程，建立科学有效的招聘体系。招聘的质量不是取决于招聘的花费，而在于明确的职位要求、合适的选聘方式和规范的招聘程序。为了防止招聘过程中的伪装现象，招聘者必须制定包括确定招聘需求、发布招聘信息、告知聘用结果、对招聘工作本身的评估等在内的招聘流程和程序。

(2) 招聘者要获取更多的求职者信息。要求招聘者主动收集关于求职者的信息，包括对求职者进行面试、心理测试等，以获取求职者的内隐信息，如个性、潜力、人格等；招聘者也可以通过各种渠道如前任雇主、求职者的毕业院校、猎头公司等来核实求职者材料的真实性和能力评价。

(3) 招聘者要采用不同的招聘技术和方法。在评价应聘者时，招聘者可以采取心理测验、专业技能测试、面试、情景模拟等。除此之外，还要采取克服信息不对称的矫正技术，根据信息的变化和发展阶段的不同应用"可信传递信息法"招聘技术。当然，招聘者获取信息对于招聘是有收益的，但也需要支付一定的成本。招聘者究竟要将信息获取工作做到何种程度应取决于企业的成本与收益的平衡。

招聘管理操作实务

具体实验操作方法与步骤详见以下各节所述。

9.1 招聘渠道

需要增加的招聘渠道如表 9-1 所示。

表 9-1 需要增加的招聘渠道

渠道类别	渠道名称	所在地区
招聘会	中关村高新人才招聘会	北京
网站	51job	北京
网站	智联招聘	北京
其他	清华大学校园招聘	北京

操作步骤：

① 登录 U8 企业应用平台——烟台川林有限公司，执行"业务工作"|"人力资源"|"招聘管理"|"招聘业务"|"招聘渠道"命令，打开"用友 ERP-U8 招聘渠道"对话框，如图 9-1 所示。

② 单击"增加"按钮，弹出"招聘渠道"对话框，如图 9-2 所示，按实验资料输入相关信息，单击"保存"按钮。

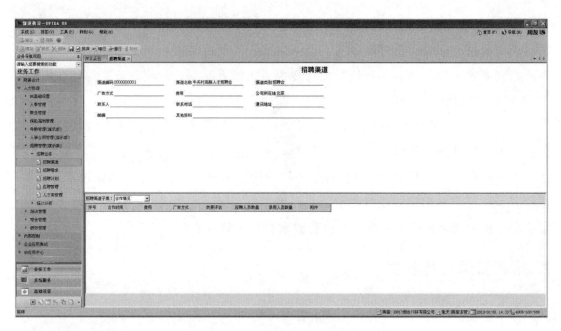

图 9-1 "招聘渠道"设置对话框

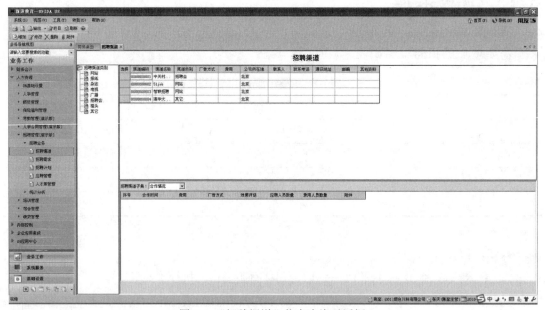

图 9-2 "招聘渠道"信息查询对话框

9.2 招聘需求

需要增加的招聘需求如表 9-2 所示。

表 9-2　需要增加的招聘需求

需求单名称	失效日期	申请人	申请部门	需求岗位	要求到岗日期	需求原因	拟招聘人数
生产部招聘	2020-12-31	周杉	生产部	冲压车间生产人员	2020-01-31	生产需要	10

操作步骤：

① 登录 U8 企业应用平台——烟台川林有限公司，执行"业务工作"|"人力资源"|"招聘管理"|"招聘业务"|"招聘需求"命令，打开"用友 ERP-U8 招聘需求"对话框。

② 单击"增加"按钮，弹出"招聘需求"对话框，如图 9-3 所示，按实验资料输入相关信息，单击"保存"按钮。

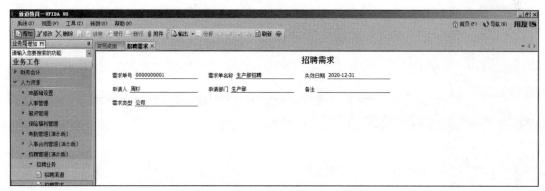

图 9-3　"招聘需求"设置对话框

9.3　招聘计划

需要增加的招聘计划如表 9-3 所示。

表 9-3　需要增加的招聘计划

计划名称	计划人	计划部门	招聘渠道	广告方式	开始时间	结束时间
生产部招聘	孙力	人事部	智联招聘	普通列名	2020-01-01	2020-05-01

操作步骤：

① 登录 U8 企业应用平台——烟台川林有限公司，执行"业务工作"|"人力资源"|"招聘管理"|"招聘业务"|"招聘计划"命令，打开"用友 ERP-U8 招聘计划"对话框。

② 单击"增加"按钮,弹出"招聘计划"对话框,按实验资料输入计划名称、计划人和计划部门等相关信息。

③ 单击打开"招聘渠道单子集"下拉列表,选择"招聘渠道",打开"招聘渠道"对话框,单击"增行"按钮,按实验资料输入招聘渠道、广告方式、开始时间和结果时间等相关信息,如图9-4所示。

④ 单击"引入"按钮,完成招聘计划的设置。

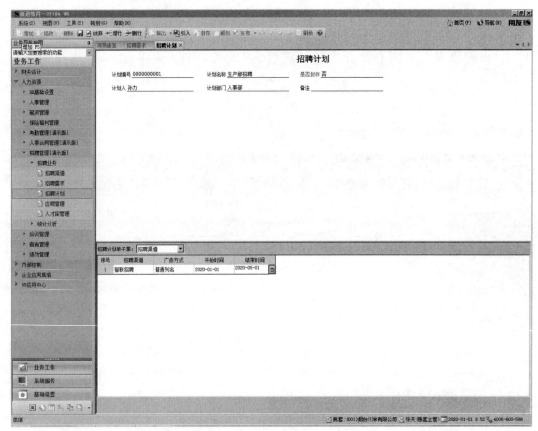

图9-4 "招聘计划"设置对话框

9.4 应聘管理

增加应聘人员,被录入人员转到"人事管理"|"人员管理"|"入职管理"中增加、引入、审核。人员档案中就增加了此人,没有录用的人就进入了人才库。

需要增加的应聘人员信息如表9-4所示。

表 9-4　需要增加的应聘人员信息

应聘人员姓名	身份证号	手机	应聘部门	应聘岗位	执行业务
黄光良	110120197501011234	13832958093	冲压车间	冲压车间生产人员	初选未通过
王宏	350120197801022333	13552267891	冲压车间	冲压车间生产人员	录用

操作步骤：

① 登录 U8 企业应用平台——烟台川林有限公司，执行"业务工作"|"人力资源"|"招聘管理"|"招聘业务"|"应聘管理"命令，打开"用友 ERP-U8 应聘管理"对话框。

② 单击"增加"按钮，弹出"应聘管理"信息对话框，如图 9-5 所示，按实验资料输入应聘人员的相关信息，单击"保存"按钮。

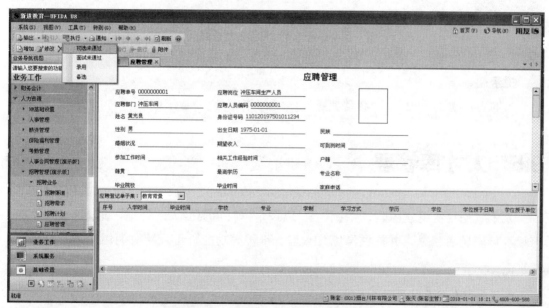

图 9-5　"应聘管理"信息设置对话框

③ 选择应聘人员，单击打开"执行"下拉列表，执行初试未通过、面试未通过、录入、备选等业务操作。

提示：

如果需对录用人员发送入职通知，就必须填写应聘人员邮箱。

④ 执行"人力资源"|"人事管理"|"人员管理"|"入职管理"命令，单击"增加"按钮，弹出"人才库管理"对话框，单击工具栏中的"引入"按钮，并单击"审

核"按钮,人员档案中就增加了此人,没有录用的人就进入了人才库,如图9-6所示。

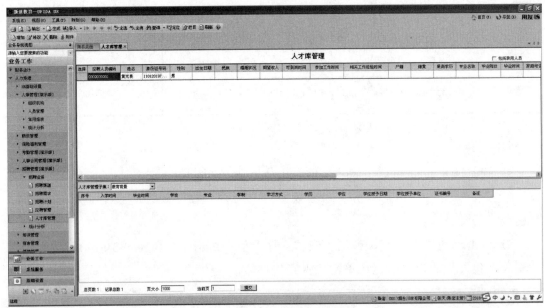

图9-6 "人才库管理"对话框

提示:

可执行"招聘管理"|"招聘业务"|"人才库管理"进行查询。

9.5 人才库管理

人才库是企业组建团队、承接任务、选拔角色时重要的人才源地,通过建立人才库,可以存储应聘者信息,并提供浏览、查询、维护等功能,可以随时调用所需信息。

提示:

人才库信息需及时更新。

第 10 章

培训管理

▉ 培训管理基本功能

通过本实验使学生掌握在 U8-HR 系统中实现员工培训的工作流程，包括培训资源的管理、培训需求的获取、培训计划的制订、培训活动实施、培训活动评估、培训档案管理的全过程处理。

- 培训资源管理：培训教师、培训资料、培训设施、培训课程
- 培训需求
- 培训计划
- 培训活动
- 培训评估
- 员工培训档案
- 培训报表查询统计分析

▉ 培训管理理论基础

培训管理是给新员工或现有员工传授其完成本职工作所必需的正确思维认知、基本知识和技能的过程，是一种有组织的知识传递、技能传递、标准传递、信息传递、信念传递等的过程。培训由美国经济学家、诺贝尔经济学奖得主舒尔茨发现，单纯从自

然资源、实物资本和劳动力的角度,不能解释生产力提高的全部原因,作为资本和财富的转换形态,人的知识和能力是社会进步的决定性原因。但是它的取得不是无代价的,需要通过投资才能形成,组织培训就是这种投资中重要的一种形式,因此,组织应给予培训管理高度的重视。

- 培训需求

培训需求分析的基本分析框架可以归纳为有逻辑的三个步骤。

(1) 查找绩效差距。培训需求分析应从何入手,有关培训的理论认为应当从绩效差距入手。培训之所以必要,传统理论认为是因为企业工作岗位要求的绩效标准与员工实际工作绩效之间存在着差距;新的理论则认为也应包括企业战略或企业文化需要的员工能力与员工实际能力之间的差距,这种差距导致低效率,阻碍企业目标的实现。只有找出存在绩效差距的地方,才能明确改进的目标,进而确定能否通过培训手段消除差距,提高员工生产率。

(2) 寻找差距原因。发现了绩效差距的存在,并不等于完成了培训需求分析,还必须寻找差距的原因,因为不是所有的绩效差距都可以通过培训的方式去消除。有的绩效差距属于环境、技术设备或激励制度的原因,有的则属于员工个人难以克服的个性特征原因。

(3) 确定解决方案。找出了差距原因,就能判断应该采用培训方法还是非培训方法去消除差距。企业根据差距原因有时采用培训方法,有时采用非培训方法,有时也采用培训与非培训结合的方法,一切都根据绩效差距原因的分析结果来确定。

- 培训方法

企业培训的效果在很大程度上取决于培训方法的选择,当前企业培训的方法有很多种,不同的培训方法具有不同的特点,其自身也是各有优劣。选择合适有效的培训方法,需要考虑到培训的目的、培训的内容、培训对象的自身特点及企业具备的培训资源等因素。培训方法有讲授法、演示法、研讨法、视听法、角色扮演法和案例研究法、模拟与游戏法等。各种教育培训的方法具有各自的优缺点,为了提高培训质量,往往需要将各种方法配合运用。

- 培训效果评估

为了提高培训效果,需要对参训人员的每一个培训项目进行评估,通过评估可以反馈信息、诊断问题、改进工作。评估可作为控制培训的手段,贯穿于培训的始终,使培训达到预期的目的。目前采用较多的是柯氏的四级评估模式(简称 4R 模式)。

(1) 学习评估,测定受训者的学习收获程度(知识、技能、态度、行为方式等方面),主要采取考试、现场问答、模拟测试、写心得体会的评估方式等。

(2) 行为评估,主要考察受训者知识运用程度(培训后,其态度、行为方式的变化和改进情况),我们一般通过行为观察、每月考核(主管评价)及员工关键事件盘点等来予以验证。若对于工作心态、管理方式类的培训，我们一般在培训结束时会布置行为转变行动计划表，到时看其行动计划表的实际完成情况等。

(3) 反应评估，评估受训者的满意程度(对讲师、课程、培训组织等)，主要以现场发放调查表的形式来完成，调查表事先要精心设计，主要涵盖总体评价、培训课程、讲师授课、培训组织、合理化建议等几个核心的调查内容。

(4) 成果评估，衡量培训带来的经济效益(培训后，受训者在一定时期内所创造的工作业绩增长变化评估)，主要是通过绩效考核，更多的是一些量化数据的对比反馈，如质量、销售额、成本、项目效率、人员晋升培养结果等。

培训管理操作实务

具体实验操作方法与步骤详见以下各节所述。

10.1 培训资源管理

10.1.1 培训教师管理

需要增加的培训教师信息如表 10-1 所示。

表 10-1 需要增加的培训教师信息

教师编码	教师名称	教师类别	是否有效
001	马军	内部教师	是
002	李力	外部教师	是

操作步骤：

① 登录 U8 企业应用平台——烟台川林有限公司，执行"业务工作"|"人力资源"|"培训管理"|"培训资源"|"培训教师"命令，打开"用友 ERP-U8 培训教师"对话框。

② 单击"增加"按钮，弹出"培训教师"对话框，按实验资料输入相关信息，单击"保存"按钮，如图 10-1 所示。

图 10-1 "培训教师"信息设置对话框

10.1.2 培训资料管理

需要增加的培训资料如表 10-2 所示。

表 10-2 需要增加的培训资料

资料编码	资料类别	资料名称
001	培训教材	TQM 教材
002	培训文稿	新员工入职培训讲义
003	培训文稿	项目管理培训讲义

操作步骤：

① 登录 U8 企业应用平台——烟台川林有限公司，执行"业务工作"|"人力资源"|"培训管理"|"培训资源"|"培训资料"命令，打开"用友 ERP-U8 培训资料"对话框。

② 单击"增加"按钮，弹出"培训资料"对话框，按实验资料输入相关信息，单击"保存"按钮，如图 10-2 所示。

图 10-2 "培训资料"设置对话框

10.1.3 培训设施管理

需要增加的培训设施信息如表 10-3 所示。

表 10-3 需要增加的培训设施信息

设施编号	设施类别	设施名称
001	培训场地	培训一教
002	培训设备	投影仪

操作步骤：

① 登录 U8 企业应用平台——烟台川林有限公司，执行"业务工作"|"人力资源"|"培训管理"|"培训资源"|"培训设施"命令，打开"用友 ERP-U8 培训设施"对话框。

② 单击"增加"按钮，弹出"培训设施"对话框，按实验资料输入相关信息，单击"保存"按钮。

10.1.4 培训课程管理

需要增加的培训课程信息如表 10-4 所示。

表 10-4 需要增加的培训课程信息

课程编号	课程名称	课程内容	是否有效
001	新员工入职培训	技能类课程	是
002	项目管理培训	管理类课程	是
003	U8-HR 软件培训	技能类课程	是

操作步骤：

① 登录 U8 企业应用平台——烟台川林有限公司，执行"业务工作"|"人力资源"|"培训管理"|"培训资源"|"培训课程"命令，打开"用友 ERP-U8 培训课程"对话框。

② 单击"增加"按钮，弹出"培训课程"对话框，如图 10-3 所示。

图 10-3 "培训课程"设置对话框

③ 按实验资料输入相关信息，单击"保存"按钮，如图 10-4 所示。

图 10-4 "培训课程"信息查询对话框

10.2 培训需求

需要增加的培训需求信息如表 10-5 所示。

表 10-5 需要增加的培训需求信息

需求部门	需求课程	期望开始日期	期望结束日期
人事部	U8-HR 软件培训	2020-01-15	2020-01-20

操作步骤：

① 登录 U8 企业应用平台——烟台川林有限公司，执行"业务工作"|"人力资源"|"培训管理"|"培训需求"命令，打开"用友 ERP-U8 培训需求"对话框。

② 单击"增加"按钮，弹出"培训需求"对话框，按实验资料输入相关信息，单击"保存"按钮，如图 10-5 所示。

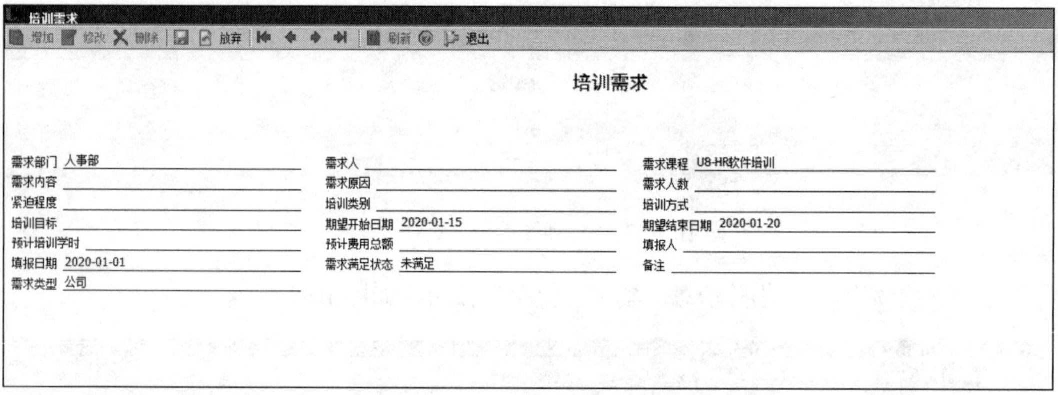

图 10-5 "培训需求"设置对话框

10.3 培训计划

需要增加的培训计划信息如表 10-6 所示。

表 10-6 需要增加的培训计划信息

计划表名	计划级别	计划部门	计划类型	计划年度	计划月度
U8-HR 软件培训	部门级	人事部	月度计划	2020	1
培训名称	培训类别	培训方式	培训内容	计划开始时间	计划结束时间
U8-HR 软件培训	岗位培训	其他	U8-HR 管理软件	2020-01-16	2020-01-20

第10章 培训管理

操作步骤：

① 登录 U8 企业应用平台——烟台川林有限公司，执行"业务工作"|"人力资源"|"培训管理"|"培训计划"命令，打开"用友 ERP-U8 培训计划"对话框。

② 单击"增加"按钮，弹出"培训计划"对话框，按实验资料输入相关信息，如图 10-6 所示。

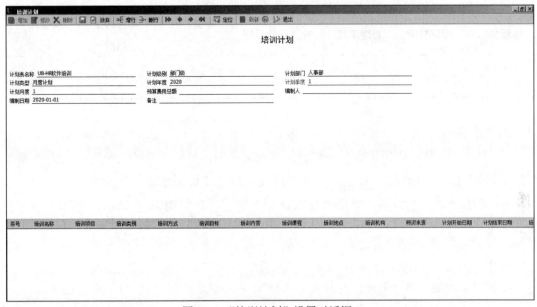

图 10-6 "培训计划"设置对话框 1

③ 单击"增行"按钮，弹出如图 10-7 所示对话框，输入培训计划的内容，单击"保存"按钮。

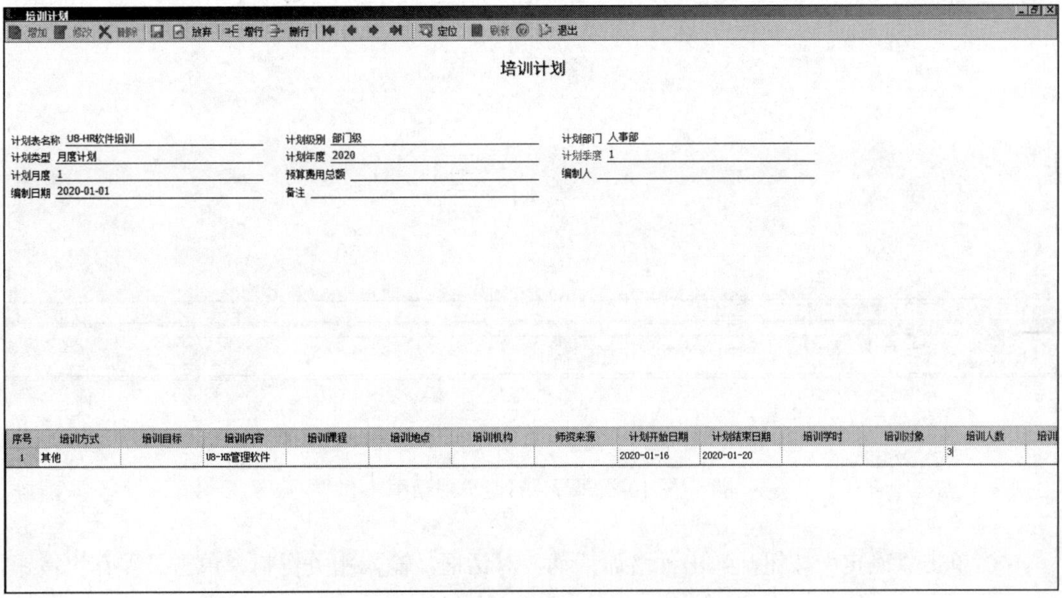

图 10-7 "培训计划"设置对话框 2

10.4 培训活动

导入培训计划，增加培训活动课程安排信息。需要增加的培训活动课程安排信息如表 10-7 所示。

表 10-7 需要增加的培训活动课程安排信息

课程名称	授课教师	课程学时	授课开始日期	授课开始时间	授课结束日期	授课结束时间
U8-HR 软件培训	李力	10	2020-01-16	8:00	2020-01-17	17:00

操作步骤：

① 登录 U8 企业应用平台——烟台川林有限公司，执行"业务工作"|"人力资源"|"培训管理"|"培训活动"命令，打开"用友 ERP-U8 培训活动"对话框。

② 单击"导入"按钮，弹出"导入计划"对话框，如图 10-8 所示，选择需导入的培训计划。

提示：

选择需导入的培训计划时，需双击"选择"，在培训名称前标记"Y"即为选中。

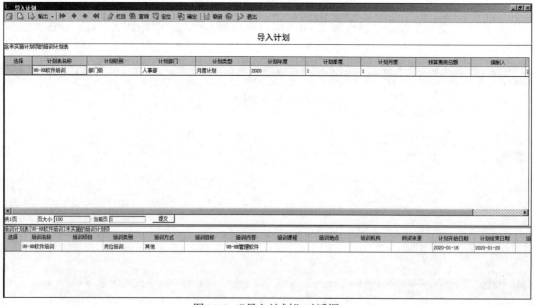

图 10-8 "导入计划"对话框

③ 单击"确定"按钮，弹出"培训活动"对话框，输入相关资料，单击"保存"按钮，如图 10-9 所示。

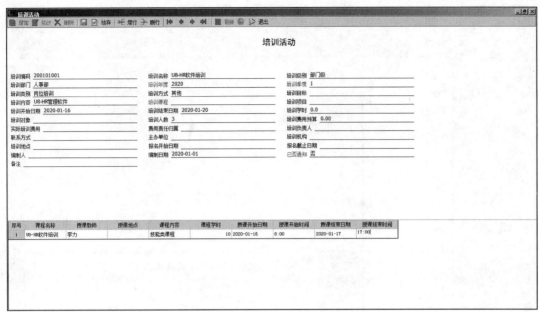

图 10-9 "培训活动"设置对话框

10.5 培训评估

需要增加的培训活动的评估信息如表 10-8 所示。

表 10-8 需要增加的培训活动的评估信息

培训名称	评估项目	评估结果
U8-HR 软件培训	课程内容满意度	优
U8-HR 软件培训	授课教师满意度	优
U8-HR 软件培训	培训总体效果	良

操作步骤：

① 登录 U8 企业应用平台——烟台川林有限公司，执行"业务工作"|"人力资源"|"培训管理"|"培训评估"命令，打开"用友 ERP-U8 培训评估"对话框。

② 单击"增加"按钮，输入评估项目和评估结果，单击"保存"按钮，如图 10-10 所示。

提示：

在输入评估项目和评估结果的时候，可以手动输入，也可参照输入。参照输入时，双击评估项目空白处，弹出 按钮，单击此按钮，弹出如图 10-11 所示的对话框，选择好所需要的信息后双击即可。

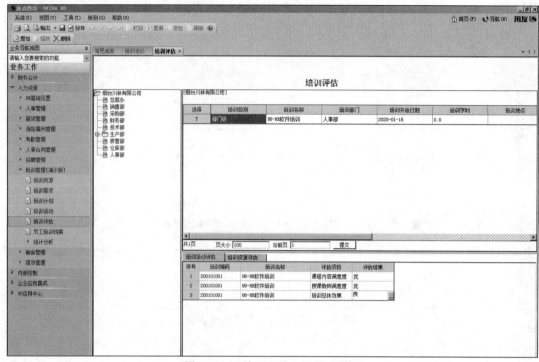

图 10-10 "培训评估"设置对话框

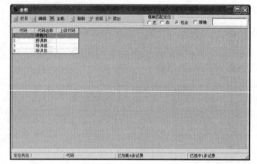 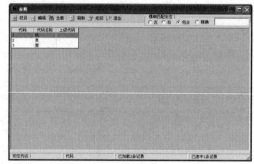

图 10-11 "参照"输入对话框

10.6 员工培训档案

批量增加员工培训档案及参加的培训信息,需要增加的培训档案如表 10-9 所示。

表 10-9 需要增加的培训档案

培训名称	培训级别	培训部门	培训开始日期	培训结束日期
U8-HR 软件培训	部门级	人事部	2020-01-16	2020-01-17

操作步骤:

① 登录 U8 企业应用平台——烟台川林有限公司,执行"业务工作"|"人力资源"|"培训管理"|"员工培训档案"命令,打开"用友 ERP-U8 员工培训档案"对话框。

② 单击"批增"按钮,选择培训活动,单击左上角"部门"选中"人事部",单击工具栏中的"全选"按钮,然后单击"确定"按钮,如图 10-12 所示。

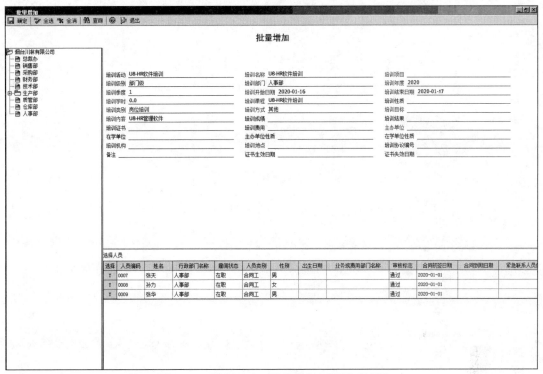

图 10-12 培训活动"批量增加"设置对话框

10.7 统计分析

对公司培训活动报表、培训员工统计表的查询。

操作步骤:

① 登录 U8 企业应用平台——烟台川林有限公司,执行"业务工作"|"人力资源"|"培训管理"|"统计分析"命令,打开"用友 ERP-U8 统计分析"对话框。

② 双击"动态报表"对公司培训活动报表、培训员工统计表进行查询。

第 11 章

绩效管理

▰ 绩效管理基本功能

通过本实验，使学生掌握在 U8-HR 系统中实现员工绩效管理流程，包括评分方式、绩效计划、绩效反馈、报表的统计分析等绩效管理的全过程处理。
- 基础设置
  - 考评指标库
  - 评分方式
  - 考评量表模板
- 绩效计划
- 考评结果
- 绩效反馈
- Web 应用
- 统计分析

▰ 绩效管理理论基础

绩效管理，是指各级管理者和员工为了达到组织目标共同参与的绩效计划制订、绩效辅导沟通、绩效考核评价、绩效结果应用、绩效目标提升的持续循环过程，绩效管理的目的是持续提升个人、部门和组织的绩效。

- 绩效计划

绩效计划是被评估者和评估者双方对员工应该实现的工作绩效进行沟通的过程，并将沟通的结果落实为订立正式书面协议即绩效计划和评估表，它是双方在明晰责、权、利的基础上签订的一个内部协议。绩效计划的设计从公司最高层开始，将绩效目标层层分解到各级子公司及部门，最终落实到个人。对于各子公司而言，这个步骤即为经营业绩计划过程，而对于员工而言，则为绩效计划过程。绩效计划作为绩效管理的一种有力工具，它体现了上下级之间承诺的绩效指标的严肃性，使决策层能够把精力集中在对公司价值最关键的经营决策上，确保公司总体战略的逐步实施和年度工作目标的实现，有利于在公司内部创造一种突出绩效的企业文化。

- 绩效评价

绩效评价通常也称为业绩考评或"考绩"，是针对企业中每个职工所承担的工作，应用各种科学的定性和定量的方法，对职工行为的实际效果及其对企业的贡献或价值进行考核和评价。绩效评价是人力资源管理的核心职能之一，更是企业管理强有力的手段之一，是指评定者运用科学的方法、标准和程序，对行为主体的与评定任务有关的绩效信息(业绩、成就和实际作为等)进行观察、收集、组织、储存、提取、整合，并尽可能做出准确评价的过程，是企业绩效管理中的一个环节，常见的绩效考评方法包括比较法、强制比例法、行为鉴定法、行为锚定评价法等。

绩效考核的原则：①客观评价原则。应尽可能进行科学评价，使之具有可靠性、客观性、公平性。②全面考评的原则。即多方面、多渠道、多层次、多角度、全方位地进行立体考核。③公开原则。应使考评标准和考评程序科学化、明确化和公开化。④差别原则。考评等级之间应当产生较鲜明的差别界限，才会有激励作用。⑤反馈原则。考评结果一定要反馈给被考评者本人，否则难以起到绩效考评的教育作用。

- 绩效沟通

绩效沟通是绩效管理的核心，是指考核者与被考核者就绩效考评反映出的问题及考核机制本身存在的问题展开实质性的沟通，并着力于寻求应对之策，服务于后一阶段企业与员工绩效改善和提高的一种管理方法。绩效沟通在整个人力资源管理中占据着相当重要的地位。绩效沟通主要体现在四个方面：目标制定沟通、绩效实施沟通、绩效反馈沟通、绩效改进沟通。四个方面相互配合，层层递进，共同构成了企业的沟通系统。

- 绩效结果的使用

业绩考评的目的是通过考核提高每个个体的效率，最终实现企业的目标。在企业中进行业绩考评工作，需要做大量的相关工作。绩效考核是现代组织不可或缺的管理工具。它是一种周期性检讨与评估员工工作表现的管理系统，是指主管或相关人员对员工的工作做系统的评价。有效的绩效考核，不仅能确定每位员工对组织的贡献或不足，更可在整体上对人力资源的管理提供决定性的评估资料，从而可以改善组织的反馈机能，提高员工的工作绩效，更可激励士气，也可作为公平合理地酬赏员工的依据。

通过对绩效优异者的奖励和绩效较差者的惩罚，可以鼓励企业内部的正确行为、激励企业员工为达到企业目标而共同努力；同时，对企业内部运作中出现的问题进行指导和纠正，以达到企业的整体进步。一般来说，绩效结果会运用五个方面：薪资报酬、职级升降、岗位调整、培训、管理改善。绩效结果的运用虽是对过去的绩效进行奖惩，但更强调将来绩效的进一步提高。这一次阻碍绩效的因素，会成为下一绩效管理周期的绩效目标与计划，这时绩效管理又回到了起点。

▶ 绩效管理操作实务

具体实验操作方法与步骤详见以下各节所述。

11.1 基础设置

11.1.1 考评指标库

需要增加的指标信息如表 11-1 所示。

表 11-1 需要增加的指标信息

指标名称	评分标准	计量单位	是否有效
工作任务完成情况考核	百分制	分	是

操作步骤：

① 登录 U8 企业应用平台——烟台川林有限公司，执行"业务工作"|"人力资源"|"绩效管理"|"基础设置"|"考评指标库"命令，打开"用友 ERP-U8 考评指标库"对话框。

② 单击"增加"按钮，弹出"考评指标库"对话框，输入指标名称、评分标准、计量单位和是否有效等信息，如图 11-1 所示。

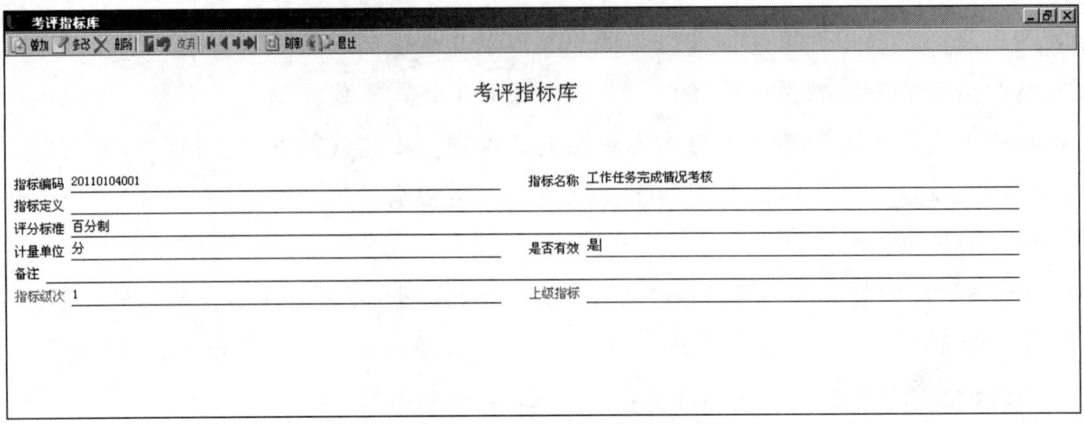

```
┌─────────────────────────────────────────────────────────────┐
│ 考评指标库                                        _ □ ×     │
│ 增加 ✔保存 ✗删除 修改 ◄◄ ► ►► 刷新 退出                   │
│                                                             │
│                        考评指标库                           │
│                                                             │
│  指标编码  20110104001          指标名称  工作任务完成情况考核 │
│  指标定义                                                    │
│  评分标准  百分制                                            │
│  计量单位  分                   是否有效  是                │
│  备注                                                        │
│  指标层次  1                    上级指标                    │
│                                                             │
└─────────────────────────────────────────────────────────────┘
```

图 11-1 "考评指标库"设置对话框

③ 单击"保存"按钮,完成考评指标库的设置。

11.1.2 评分方式

本节用于定义评分方式及评分方式的有效分值范围(如 0～100 分、0～120 分等)或等级标准(如优、良、合格、差;A、B、C、D、E 等)等。

11.1.3 考评量表模板

需要增加的考评量表模板信息如表 11-2 所示。

表 11-2 需要增加的考评量表模板信息

模板名称	指标类别	指标名称	指标权重/%	上上级权重/%	上级权重/%	同级权重/%	自评权重/%	下级权重/%	是否细分目标任务
工作任务评分	工作任务完成情况考核	工作任务完成情况考核	100	10	50	10	20	10	否

操作步骤:

① 登录 U8 企业应用平台——烟台川林有限公司,执行"业务工作"|"人力资源"|"绩效管理"|"基础设置"|"考评量表模板"命令,打开"用友 ERP-U8 考评量表模板"对话框。

② 单击"增加"按钮,弹出"考评量表"对话框,输入量表名称、考评类别。再单击"增行"按钮,输入指标名称、指标权重等信息,如图 11-2 所示。

③ 单击"保存"按钮,完成考评量表模板的设置。

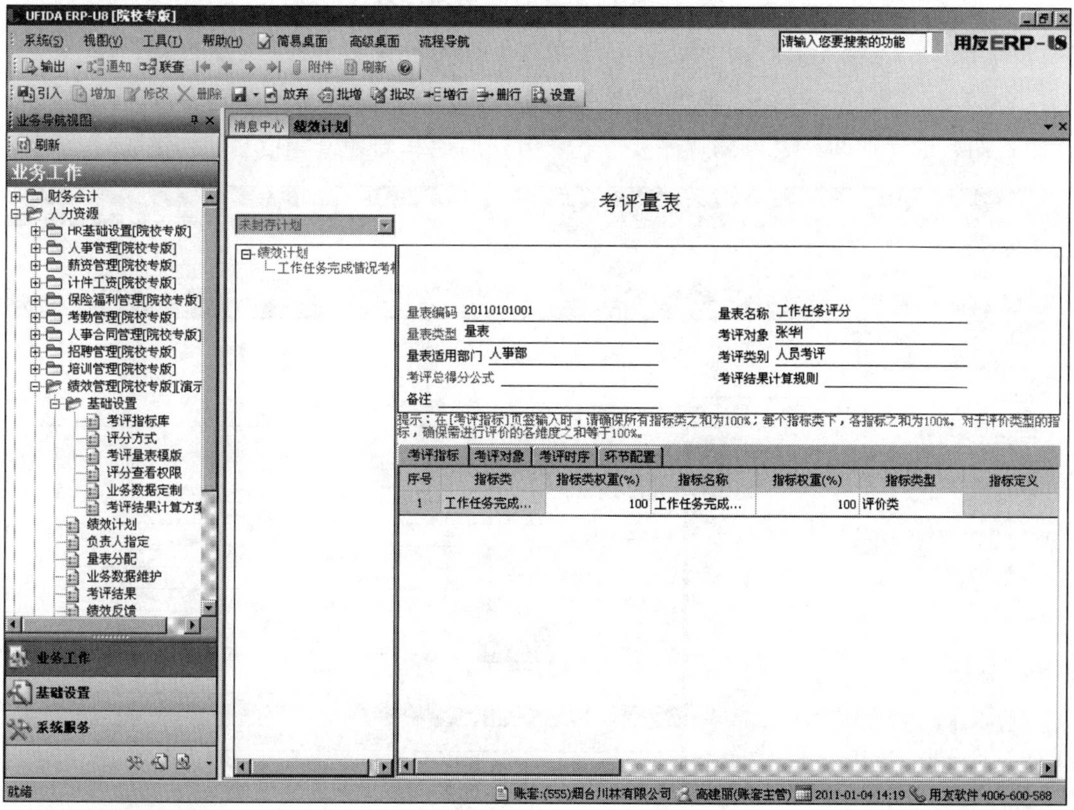

图 11-2 "考评量表"设置对话框

11.2 绩效计划

本节主要讲绩效计划的增加与启用。需要增加的绩效计划如表 11-3 所示。

表 11-3 需要增加的绩效计划

绩效计划名称	考评期间开始日期	考评期间结束日期	评分方式	考评周期	周期值
工作任务完成情况考核	2020-01-15	2020-01-25	百分制	月度	1

需要增加的量表信息如表 11-4 所示。

表 11-4 需要增加的量表信息

量表名称	适用模板	量表适用部门	考评类别	考评对象责任人
工作任务评分	工作任务评分	人事部	人员考评	均为"张天"

操作步骤：

① 登录 U8 企业应用平台——烟台川林有限公司，执行"业务工作"|"人力资源"|"绩效管理"|"绩效计划"命令，打开"用友 ERP-U8 绩效计划"对话框。

② 单击"增加"按钮，弹出"绩效计划"对话框，输入绩效计划名称、考评期间开始日期、考评期间结束日期、评分方式、考评周期和周期值等信息，如图 11-3 所示。

图 11-3　"绩效计划"基本信息设置对话框

提示：
考评结束日期不能早于考评开始日期。

③ 单击"保存"按钮，再单击"增加"按钮，弹出如图 11-4 所示的对话框，选择"量表"单选按钮，单击"确定"按钮。

图 11-4　"选择量表类型"对话框

④ 单击"引入"按钮,弹出如图 11-5 所示的对话框,单击选中"考评量表模板"单选按钮,弹出如图 11-6 所示的对话框,双击模板后如图 11-7 所示,单击"确定"按钮。

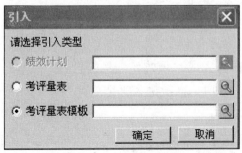

图 11-5 "引入"对话框

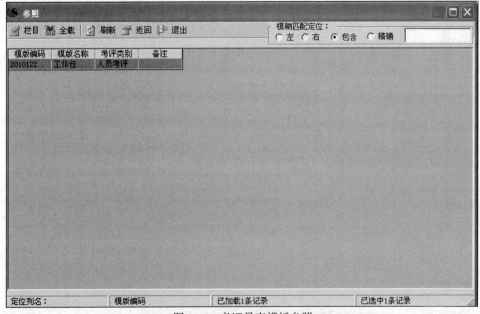

图 11-6 考评量表模板参照

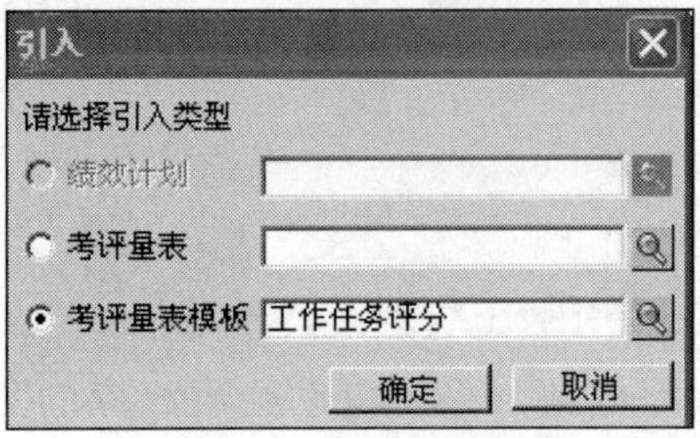

图 11-7 选择引入类型

⑤ 输入量表名称、考评类别等信息,输入量表适用部门为"人事部",弹出如图 11-8 所示的对话框。单击"是"按钮,将考评对象负责人均设为"张天"。

图 11-8　量表是否重新设置对话框

⑥ 单击"保存"按钮，完成"绩效计划"的设置。

⑦ 关闭"绩效计划"窗口，再次进入"绩效计划"，单击选择"业务"为"启动"，如图 11-9 所示。

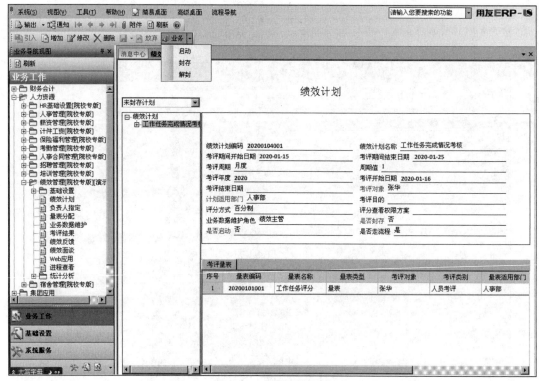

图 11-9　启动绩效计划

11.3　Web 应用

基于 Web 的绩效考核系统用于在线测评。各评估主体在被系统授予操作权限后，即可提交对被测评人员的测评分数，系统自动给出相应的测评结果，极大地提高了考核分数的提交、汇总的效率，方便管理员进行查询及比较分析等系统操作。

需要在系统管理中增加的用户信息如表 11-5 所示。

绩效管理 第11章

表 11-5 需要增加的用户信息

用户编号	用户名	密码
0007	张天	空
0008	孙力	空
0009	张华	空
0001	李磊	空

操作步骤：

① 以系统管理员身份登录系统(admin，密码为空)，执行"权限"|"用户"命令，打开"用户管理"对话框。

② 单击"增加"按钮，打开"增加用户"对话框，输入用户编号、用户名等信息，在所属角色列表中选中"账套主管"前的复选框，如图 11-10 所示。

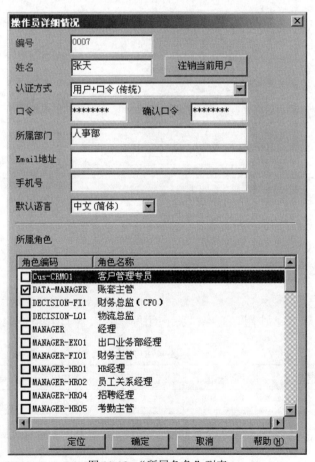

图 11-10 "所属角色"列表

③ 单击"保存"按钮。依次设置其他操作员，设置完成后单击"取消"按钮退出。把 0001、0007、0008、0009 对应都设为操作员。

操作步骤：

① 登录U8企业应用平台——烟台川林有限公司，执行"人事管理"|"人员档案"命令，打开"用友ERP-U8人员列表"对话框。

② 双击人员所在列表行，弹出"人员档案"对话框，单击"修改"按钮，选中"是否操作员"复选框，设置"对应操作员名称"，如"张天"对应操作员为"张天"，单击"保存"按钮，弹出是否同意修改对话框，单击"是"按钮，如图11-11所示。

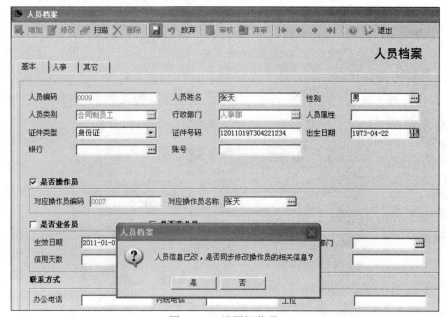

图11-11　设置操作员

③ 单击"退出"按钮，依次设置其他操作员。设置完成后单击"退出"按钮退出。

11.4　考评结果

对考评结果进行Web应用。需要Web应用的信息如表11-6至表11-11所示。

表11-6　需要Web应用的信息1

考评对象	指标类	目标值	考评关系	关系权重	考评人	考评人权重
孙力	工作任务完成情况考核	1	上上级	20	李磊	1
			上级	50	张天	1
			同级	10	张华	1
			自评	20	孙力	1

表 11-7 需要 Web 应用的信息 2

考评对象	指标类	目标值	考评关系	关系权重	考评人	考评人权重
张华	工作任务完成情况考核	1	上上级	20	李磊	1
			上级	50	张天	1
			同级	10	孙力	1
			自评	20	张华	1

表 11-8 需要 Web 应用的信息 3

考评对象	指标类	目标值	考评关系	关系权重	考评人	考评人权重
张天	工作任务完成情况考核	1	上级	60	李磊	1
			自评	20	张天	1
			下级	20	张华	1

表 11-9 需要 Web 应用的信息 4

考评对象	指标	实际值	考评关系	指标评分
张天	工作任务完成情况考核	85	自评	85
孙力	工作任务完成情况考核	80	上级	80
张华	工作任务完成情况考核	83	上级	83

表 11-10 需要 Web 应用的信息 5

考评对象	指标	实际值	考评关系	指标评分
孙力	工作任务完成情况考核	89	自评	89
张华	工作任务完成情况考核	90	同级	90
张华	工作任务完成情况考核	85	自评	85
孙力	工作任务完成情况考核	85	同级	85
张天	工作任务完成情况考核	90	上级	90

表 11-11　需要 Web 应用的信息 6

考评对象	指标	实际值	考评关系	指标评分
张天	工作任务完成情况考核	90	下级	90
孙力	工作任务完成情况考核	90	下下级	90
张华	工作任务完成情况考核	90	下下级	90

操作步骤：

① 登录 U8 企业应用平台——烟台川林有限公司，执行"绩效管理"|"Web 应用"命令。

② 以 0007 操作员进入"人力资源"|"绩效管理"|"考评计划"|"工作任务完成情况考核"|"工作任务评分"|"考评量表分配"命令，根据表 11-6 至表 11-11 进行考评量表分配—保存—发布，如图 11-12 所示。

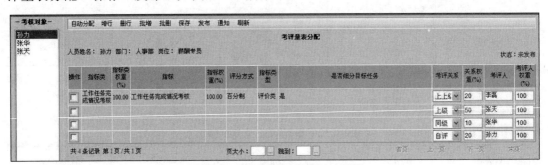

图 11-12　"考评量表分配"对话框

③ 分别以 0007、0008、0009、0001 操作员进入"人力资源"|"绩效管理"|"当前考评计划"|"工作任务完成情况考核"|"绩效评价"|"评价"，对考评对象进行指标评分，根据表 11-6 至表 11-11 输入"自评"及"评价他人"。注意，每评价一人后保存分数并提交(逐个地提交)，如图 11-13 所示。

④ 登录 U8 企业应用平台——烟台川林有限公司，执行"绩效管理"|"考评结果"命令，打开"工作任务评分"，显示考评结果，分别单击"全选"|"计算"|"全选"|"汇总""全选"|"审核"，如图 11-14 所示。

绩效管理 第11章

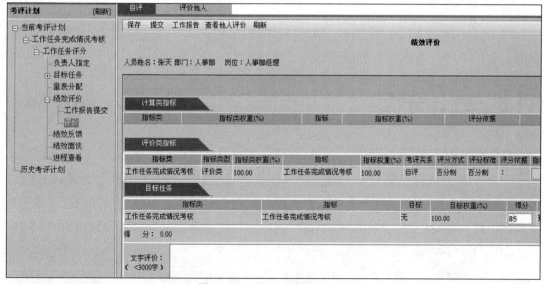

图 11-13 "绩效评价"对话框

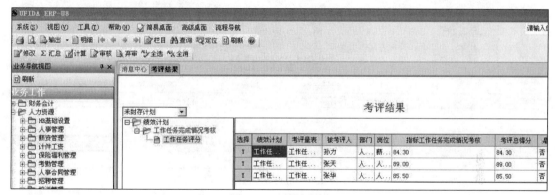

图 11-14 绩效审核

11.5 绩效反馈

需要增加的绩效反馈信息如表 11-12 所示。

表 11-12 需要增加的绩效反馈信息

人员姓名	对本次考核的意见	对上级的意见及建议	希望得到的帮助
张华	本次考核比较合理	希望领导能够合理地分配工作任务	需要一些业务培训

操作步骤：

① 以 0009 操作员进入"人力资源"|"绩效管理"|"当前考评计划"|"工作任务完成情况考核"|"绩效反馈"，单击"我要反馈"，对本次绩效考核进行信息反馈、保

存并提交。

② 登录 U8 企业应用平台——烟台川林有限公司，执行"绩效管理"|"绩效反馈"命令，对绩效考评反馈信息进行查询。

11.6 统计分析

操作步骤：

登录 U8 企业应用平台——烟台川林有限公司，执行"绩效管理"|"统计分析"|"动态报表"|"绩效管理"命令，打开"绩效管理"对话框，对绩效考评信息报表进行查询，如"考评指标汇总""员工绩效考评""员工考评结果汇总"等报表，分别如图 11-15、图 11-16、图 11-17 所示。

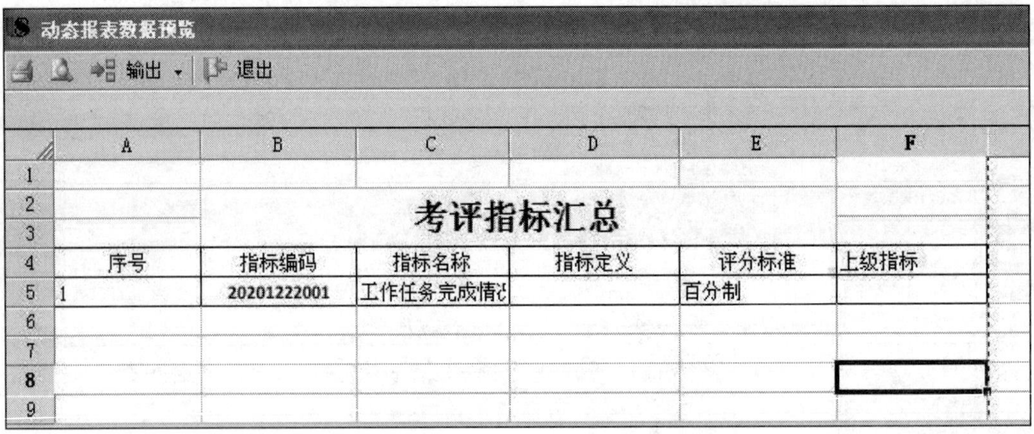

图 11-15 "考评指标汇总"表

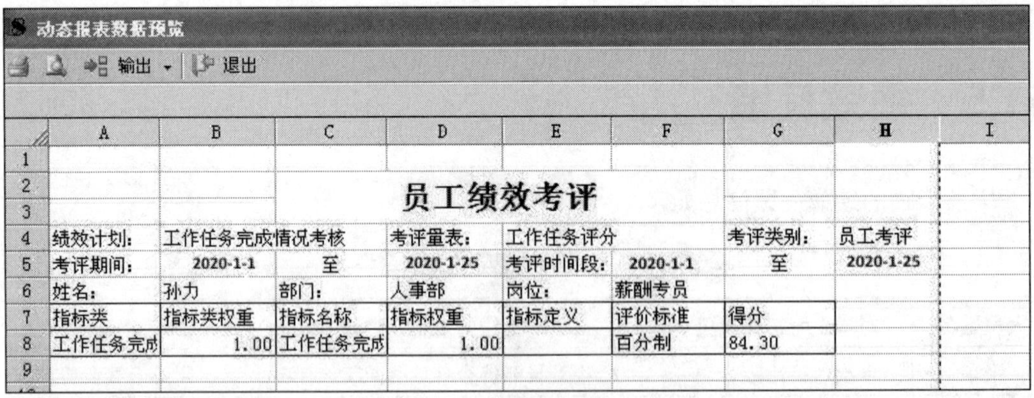

图 11-16 "员工绩效考评"表

	A	B	C	D	E	F	G
1							
2				员工考评结果汇总			
3							
4		考评类别：	员工考评				
5		绩效计划：	工作任务完成情况	考评量表：	工作任务评分		
6		考评期间：	2020-1-1	至		2020-1-25	
7		考评时间段：	2020-1-1	至		2020-1-25	
8		序号	姓名	岗位	部门	考评总得分	
9		1	孙力	薪酬专员	人事部	84.30	
10		2	张天	人事部经理	人事部	89.00	
11		3	张华	人事专员	人事部	85.50	
12							
13							
14							

图 11-17 "员工考评结果汇总"表

第 12 章

宿舍管理

▎**宿舍管理基本功能**

通过本实验，使学生掌握在 U8-HR 系统中实现员工宿舍管理流程，包括宿舍的设置、宿舍分配、房间费用、人员费用、报表的统计分析等宿舍管理的全过程处理。
- 基础设置
    - 宿舍设置
    - 费用项目设置(水、电、煤气等)
- 日常业务
    - 宿舍分配
    - 房间费用设置(水、电、煤气费及维修费的计算)
    - 人员费用设置
- 统计分析及费用查询

▎**宿舍管理理论基础**

利用软件平台对员工宿舍进行管理，可以有效提高管理效率，可以把员工宿舍的用水、电、气及产生的各项维修费用等直接与财务系统对接，从员工的薪资里面进行扣除，也可以方便地对空房统计、员工住宿信息进行查询，让管理变得更加智能化。此外，对员工宿舍进行规范化、信息化管理也是对员工人本关怀的体现。

心理学家研究认为，人无论处于什么岗位、生活在什么样的状态下，其幸福感都是可以管理的，可以通过情感管理改变认识、观念、知识及开发、提升情商等，使人在情感的投入中获得更强的幸福感。而幸福感强的员工对工作更有热情和激情，对企业也更加忠诚，由此可见情感管理在企业文化建设中的魅力。所以，从制度管理走向情感管理是企业发展的重要途径，通过在宿舍管理中更多融入情感关怀，为员工创造轻松、快乐、自信的工作氛围，由此更能提升员工在工作中的愉悦度和幸福度，使员工在快乐幸福中为企业发展做出积极的贡献。

▎ **宿舍管理操作实务**

具体实验操作方法与步骤详见以下各节所述。

12.1 基础设置

12.1.1 宿舍设置

需要增加的物业信息、楼信息、单元信息、房间信息，如表12-1所示，需要增加的卧室信息、床位信息如表12-2所示。

表 12-1　需要增加的物业信息、楼信息、单元信息、房间信息

物业编码	物业名称	该物业是否有楼、单元节点	楼编号	楼号	单元编号	单元号	房间编号	房号
001	东升物业	是	001001	1号楼	001001001	1单元	0010010010101	101房间
001	东升物业	是	001002	2号楼	001002002	2单元	0010020020202	202房间

表 12-2　需要增加的卧室信息、床位信息

卧室编号	卧室号	卧室类别	是否预留	床位月租/元	床编号	床号
0010010010101-01	101号	单人间	否	600	0010010010101-01-001	1号
0010010020202-01	202-01	多人间	否	300	0010010020202-01-001	1号
0010010020202-01	202-01	多人间	否	300	0010010020202-01-002	2号

操作步骤：

① 登录 U8 企业应用平台——烟台川林有限公司，执行"业务工作"|"人力资源"|"宿舍管理"|"基础设置"|"宿舍设置"命令，打开"用友 ERP-U8 宿舍设置"对话框。

② 单击"增加"按钮，弹出"物业设置"对话框，输入物业编码、物业名称、该物业是否具有楼和单元节点等信息，如图 12-1 所示。单击"保存"按钮，完成物业设置。

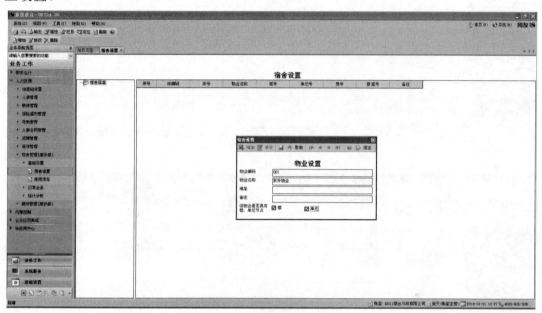

图 12-1 "物业设置"对话框

③ 选中宿舍信息下的物业公司，然后单击"增加"按钮，依次进行楼的设置，如图 12-2 所示。

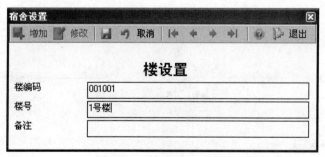

图 12-2 "楼设置"对话框

④ 单元信息、房间信息、卧室信息、床位信息的设置步骤同上，分别如图 12-3 和图 12-4 所示。

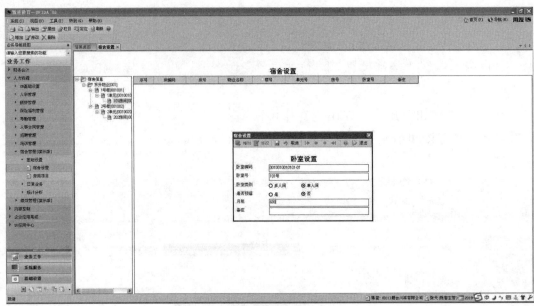

图 12-3 "卧室设置"对话框

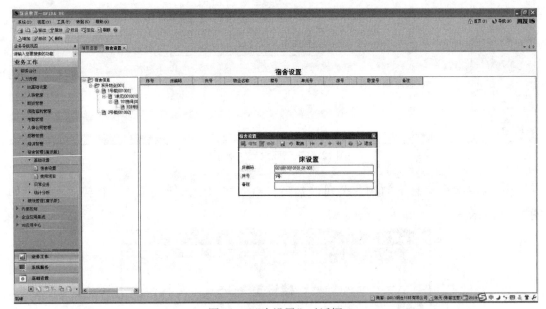

图 12-4 "床设置"对话框

12.1.2 费用项目

需要增加的费用项目信息如表 12-3 所示。

表 12-3 需要增加的费用项目信息

费用项目名称	是否计算	是否均摊	是否显示
上网费	否	是	是

操作步骤：

① 登录 U8 企业应用平台——烟台川林有限公司，执行"业务工作"|"人力资源"|"宿舍管理"|"基础设置"|"费用项目"命令，打开"用友 ERP-U8 费用项目"对话框。

② 单击"增加"按钮，弹出"费用设置"对话框，输入费用项目名称，设置是否计算、是否均摊、是否显示等信息，如图 12-5 所示。

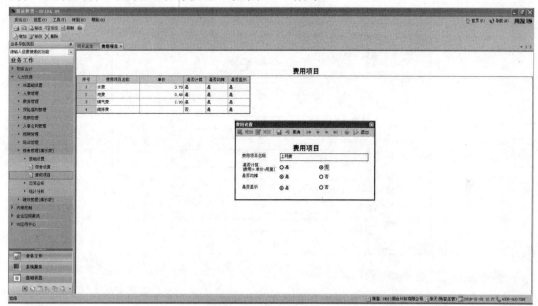

图 12-5 "费用设置"对话框

③ 单击"保存"按钮，完成费用项目的设置。

12.2 日常业务

12.2.1 宿舍分配

需要增加的宿舍分配信息如表 12-4 所示。

表 12-4 需要增加的宿舍分配信息

床号编号	床号	卧室类别	入住人员	性别	入住时间	押金数额/元
01010101-01-001	1 号	单人间	闫晓娟	女	2020-01-01	200
01010202-01-001	1 号	多人间	刘丽	女	2018-01-11	200
01010202-01-002	2 号	多人间	杨阳	女	2016-06-01	200

操作步骤：

① 登录 U8 企业应用平台——烟台川林有限公司，执行"业务工作"|"人力资源"|"宿舍管理"|"日常业务"|"宿舍分配"命令，打开"用友 ERP-U8 宿舍分配"对话框。

② 先选择"101 房间"，然后单击"分配"按钮，弹出"宿舍分配"对话框，输入卧室号、卧室类别、入住人员、入住时间和押金数额等信息，如图 12-6 所示。

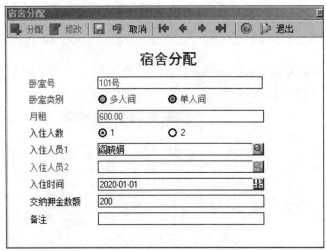

图 12-6 "宿舍分配"对话框

③ 单击"保存"按钮，完成对 101 宿舍的分配。

④ 选择 202 房间，然后单击"分配"按钮，弹出"宿舍分配"对话框，输入床号：1 号，卧室类别：多人间，入住人员：刘丽，性别：女，入住时间：2018-01-11；押金数额：200。

⑤ 单击"保存"按钮，完成 202 宿舍 1 号床的分配。

⑥ 选择 202 房间，然后单击"分配"按钮，弹出"宿舍分配"对话框，输入床号：2 号，卧室类别：多人间，入住人员：杨阳，性别：女，入住时间：2016-06-01；押金数额：200。

⑦ 单击"保存"按钮，完成 202 宿舍 2 号床的分配。

12.2.2 房间费用

生成或追加生成房间费用，录入房间费用。需要增加的房间费用信息如表 12-5 所示。

表 12-5 需要增加的房间费用信息

房号	用水量	用电量	用气量	上网费
101 号	4	20	10	30
202 号	8	30	20	30

操作步骤：

① 登录 U8 企业应用平台——烟台川林有限公司，执行"业务工作"|"人力资源"|"宿舍管理"|"日常业务"|"房间费用"命令，打开"用友 ERP-U8 房间费用"对话框。

② 单击"生成"按钮，弹出"房间费用"对话框，如图 12-7 所示。

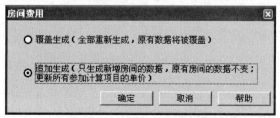

图 12-7 "房间费用"对话框

③ 选中"追加生成"单选按钮，单击"确定"按钮，弹出"房间费用"对话框，如图 12-8 所示。

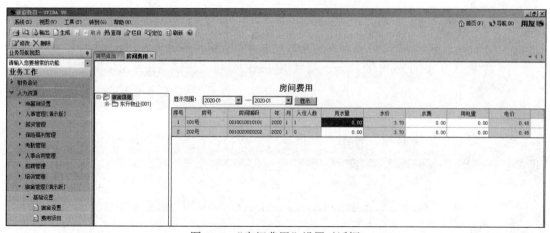

图 12-8 "房间费用"设置对话框

④ 手动输入房号、用水量、用电量、用气量和上网费等信息，单击"保存"按钮，弹出如图 12-9 所示的对话框。

图 12-9 提示对话框

⑤ 单击"确定"按钮，生成房间费用，如图 12-10 所示。

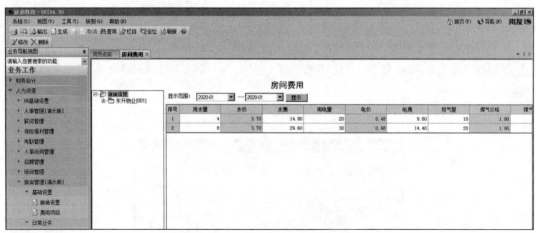

图 12-10 "房间费用"信息对话框

12.2.3 人员费用

生成人员费用表、计算并审核。

操作步骤:

① 登录 U8 企业应用平台——烟台川林有限公司,执行"业务工作"|"人力资源"|"宿舍管理"|"日常业务"|"人员费用"命令,打开"用友 ERP-U8 人员费用"对话框。

② 单击"生成"按钮,弹出"人员费用"对话框,如图 12-11 所示。

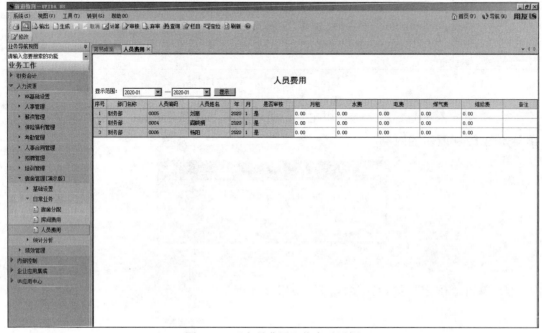

图 12-11 "人员费用"信息对话框

③ 单击"审核"按钮，完成人员费用的生成与审核。

12.3 统计分析

查询宿舍管理的相关报表，如宿舍费用汇总表、宿舍入住情况统计表、宿舍入住明细表、宿舍月费用明细表。

操作步骤：

① 登录 U8 企业应用平台——烟台川林有限公司，执行"业务工作"|"人力资源"|"宿舍管理"|"统计分析"命令，打开"用友 ERP-U8 统计分析"对话框。

② 执行"常用报表"命令，弹出"选择报表"对话框，如图 12-12 所示。

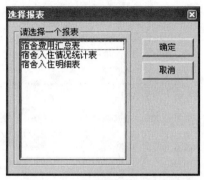

图 12-12 "选择报表"对话框

③ 选择"宿舍费用汇总表"，单击"确定"按钮，弹出"请输入统计所需的信息"对话框，选择"要统计的费用信息"中所需的信息项，如图 12-13 所示。

图 12-13 统计参数信息设置

④ 单击"确定"按钮，宿舍费用汇总表生成，如图 12-14 所示。

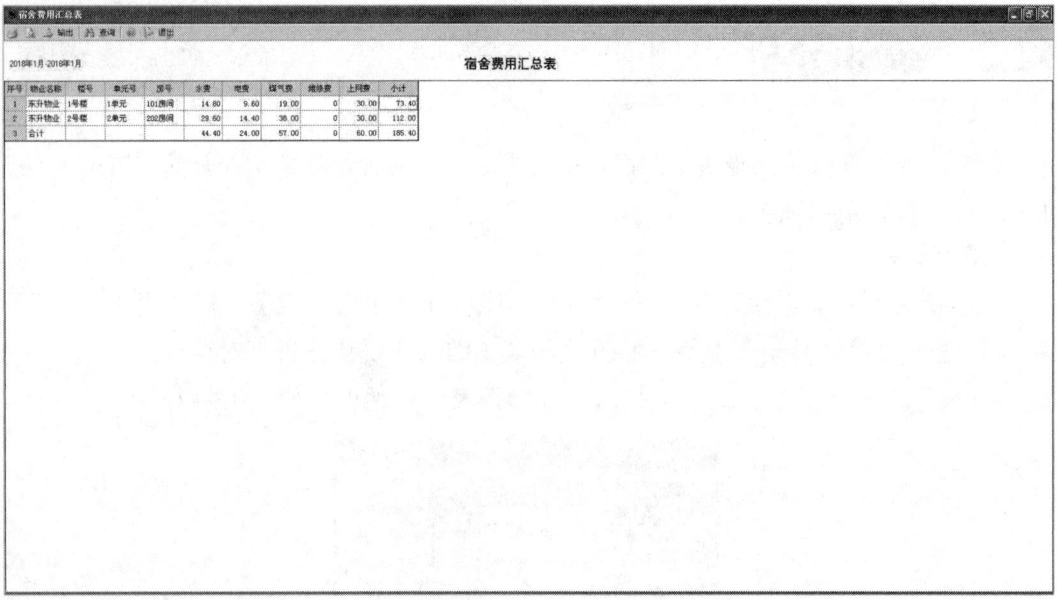

图 12-14 宿舍费用汇总表

⑤ 宿舍入住情况统计表、宿舍入住明细表、宿舍月费用明细表的查询步骤同前述步骤。